식탁
위의
명상

식탁 위의 명상

대안 스님

오래된미래

한 숟갈의 밥알이 하나의 세계를 이루고,
한 상 가득 차려진 밥상에 우주의 기운이 스며 있다.

| 들어가는 말 |

수행이란 세속의 일상생활에서 그저 어렵고 먼 이야기만이 아니다. 선가(禪家)에서 널리 쓰이는 말로 행주좌와 어묵동정(行住坐臥 語默動靜)이라는 말이 있다. 다니고 머무르고, 앉고 눕고, 말하고 침묵하고, 움직이거나 고요한 가운데서 한 생각을 챙기는 것, 곧 평상심(平常心)이 도(道)라는 것이다. 한 생각을 챙기는 것이 어려운 이유는 수많은 생각들이 얽혀 있어 한 생각에만 오롯이 집중할 수 없게 서로 방해하기 때문이다. 머릿속에서 잡념을 비우고, 몸이 편안할 수 있도록 여유롭게 행동하면 모든 것이 수행으로 이어질 수 있다.

좋은 음식과 만나며, '잘' 먹는 것도 일상생활에서 행할 수 있는 수행의 하나이다. 음식 이야기가 수행의 방편이 될 수 있다는 말 속에 담긴 이치는 언뜻 들어서는 헤아리기 쉽지 않을 것이다. 먼저, 숨가

쁘게 돌아가는 일상 속에서도 먹는 시간만큼은 마음을 다해 음식을 살피고, 맛을 음미하고, 몸에 잘 녹아들도록 천천히 소화시키면서 여유롭게 밥을 먹는 것, 이런 것에서부터 '식탁 위의 명상'이 시작된다.

말로만 하자면 이처럼 쉬운 일이 어디 있을까 싶지만, 이마저도 일상에서 직접 실천하기란 결코 쉽지 않다. 쉽지 않은 일이기에 성의를 가지고 임해야 한다. 성의가 부족하면, 매일 되풀이하는 잘못된 습관을 고치기 힘들다. 자제력은 도(道)와 연결된 통로이다. 쉼 없이 꾸준히 자신을 단련시키는 일이 도(道)다. 지나온 것을 아쉬워하지 않고, 오지 않은 것을 미리 걱정하지 않는 것이 도(道)다.

들리는 소리에 집착하지 말고, 들리지 않는 내면의 소리에 귀기울여보라. 보이는 것에 연연하지 말고, 보이지 않는 의식 너머의 세계를 볼 수 있도록 마음을 고요히 다스리라. 가질 수 없는 것에 마음을 끊고, 지금 가진 것에 감사하라. 갈 수 없는 곳에 허영심을 심지 말고, 나중에 갈 수 있을 때 가라. 이렇게 하는 것이 번잡한 일상을 좀 더 단순하게 만드는 길이다. 생활이 단순해지면 그동안 우리를 옥죄던 일상으로부터 보다 여유로운 삶이 창조될 수 있다. 무상(無想)이란 '생각 없음'이다. 떠올리는 것 없는 단순한 상태이다.

우리는 매일 잠에서 깨어나 매일 세수를 한다. 매일 일을 하고 매일 사람을 만난다. 매일 음식을 먹고 매일 집에 돌아온다. 매일 매일 같은 일상이기에, 행하고 있으면서도 진심 없이 제대로 행하지 않을 때가 많다. 매일 잠에서 깨어나면서도 깨어난 존재가 누구인지 살피지 않는다. 매일 세수를 하면서도 건성으로 씻는다. 물의 온도를 느끼고 양치질을 하면서 이 존재가 자기 자신이라는 것조차 살피지 않는다. 매일 일을 하지만 일에 빠져 있는 주체가 누구인지 챙기지 않는다. 매일 집에 돌아오지만 허황된 현실만 꿈꾸고 있다.

그러나 마음의 여유를 지니고 돌아보면 챙길 수 있다. 지금 걷고 있는 이 사람이 누구인지, 잠자고 있는 이 주체가 누구인지, 음식을 먹고 있는 이 자신이 누구인지. 눈을 떠 자신을 확인할 수 있을 때 우리의 삶은 행복해질 수 있다. 일상에서의 행복은 먹고, 입고, 자고, 하던 일을 한번 찬찬히 살펴보고, 우리가 깨달은 바대로 실천하면서 자연에 대한 고마움을 되새기는 일에서부터 비롯된다.

일상에서 가장 중요한 요소 중 하나가 먹는 일이다. 건강한 먹을거리로 차린 밥상을 매일 마주하는 가운데서 행복을 만끽할 수 있다. 먹을거리에 있어 현대인의 가장 큰 문제는 지나치게 몸이 욕구하는 것만을 들어준다는 점이다. 맛있는 음식은 맛있는 대로, 맛없는 음식은 맛없는 대로 먹을 수 있어야 한다. 그런데 요즘 세대는 맛이 없으면 먹지 않는다. 편견과 집착으로 자신을 해치고 있다. 바깥의 환경이 자신을 불편하게 하기도 하지만, 실제로 자신이 가진 생각의 잣대로 인해 불편하게 되는 경우도 많다.

이제는 식생활에서의 만행(卍行)을 통해 식탁에서 만나는 행위에서부터 자신을 돌아보아야 할 때다. 길을 떠나는 행위만 만행이 아니다. 일상 속에서도 만행을 실천할 수 있고 밥상 위에서도 도를 구할 수 있다. 모든 길은 언제나 서로 교차한다. 그 길과 마주치듯 우리는 매일 밥상과 마주한다. 도를 이루기 위하여 먹는 음식은 천상의 음식과 다름없다. 맛있고 부드러운 음식에 탐심(貪心)을 일으키지 않고, 맛없고 거친 음식에 진심(嗔心)을 일으키지 않으며, 먹고 싶지도 않고 먹기 싫지도 않은 음식에 치심(癡心)을 일으키지 않아야 한다.

『사미율의(沙彌律儀)』에 따르면, 음식을 받고 나서 공력이 얼마나 들었으며 어떻게 여기에 이르렀는지 그 과정을 살피고, 내 도덕과 내 행실이 공양을 받을 만한지 되돌아보고, 탐(貪)·진(嗔)·치(癡)를 살펴 나쁜 마음을 끊고, 여윈 몸 낫는 데는 다시없는 약임을 살펴서, 보리도(菩提道, 깨달음)를 이루고자 음식을 먹어야 한다고 한다. 한 숟갈의 밥알이 하나의 세계를 이루고, 한 상 가득 차려진 밥상에 우주의 기운이 스며 있다는 사실을 깨닫게 되는 식탁문화가 절집에 있다.

사찰음식은 비단 종교문화의 차원에서만 다루어질 문제가 아니다. 식생활 습관을 바꾸는 것은 몸도 마음도 건강한 삶을 성취하기 위해 절실히 필요한 일이며 그래서 일상의 차원에서 다뤄야 할 문제이다. 사찰음식은 오랜 역사를 통해 이어져온 전통의 맛을 지녔으면서 현대인들의 몸을 건강하게 해주는 밥상이다. 자신의 몸을 정화한다는 의미로 받아들이고 가까이하여 우리 음식문화의 한 축을 이루도록 해야 한다.

내 안의 1퍼센트를 바꾸는 것은 얼마나 힘든 일인가? 그 변화에 대한 제안을 사찰음식 문화로부터 배울 수 있다. 식습관을 개선하고 식욕을 조절할 수 있는 사람은 어떤 일이든 이루지 못할 것이 없다.

2008년 4월
대안 합장

| 차례 |

들어가는 말　6

음식이 맛있는 명상

자연과 오행밥상　15
절집의 식생활과 사찰음식　31
웰빙은 다른 곳에 있다　41
음식으로 오는 질병, 음식으로 낫는 질병　48
자연으로 차리는 소박한 밥상　61
마음 똑바로 알기　72
소식, 절식, 단식, 비우고 버리기　86
차와 만나는 정화의 시간　100
마음의 양식, 소울푸드　111

식탁 위의 명상

절집의 향기, 양념　119
다양한 소스 이야기　128
향긋한 저장음식, 장아찌　133
봄 음식─천지의 기운이 키워내는 산야초 이야기　139
여름 음식─더위를 이기는 채소　155
가을 음식─지리산 단풍을 닮고 싶은 마음　173
겨울 음식─추위를 물리치는 겨울철 별식　185
그 밖의 사계절 음식　193

나오는 말　198

자연과 오행밥상

　무엇을 먹고, 어떻게 먹을 것인가는 대단히 중요한 질문이다. 그러나 지금까지 우리는 먹는 것이 중요하다는 것을 알면서도 우리의 밥상을 이루고 있는 것이 무엇인지, 또 밥상이 차려지기까지의 과정이 어떤지를 돌아보지 못했다.
　이러는 사이 많은 사람들이 잘못된 식생활과 음식을 통해서 원인을 알지 못하는 질병에 시달리게 되었다. 병을 얻고 나서야 뒤늦게 사람들은 식이요법을 하면서 그동안의 잘못된 식습관을 탓하며, 무얼 먹어야 할지 관심을 가진다. 앞으로 무엇을 먹고, 어떻게 먹을 것인가에 대한 질문은 더욱 중요해질 수밖에 없다. 이 질문에 대한 해답을 찾아가는 과정은 더디더라도 우리 밥상 위에 차려지는 음식과 식문화를 통해서 하나하나 구해져야 한다.

요즘 웰빙식이나 자연식에 대한 얘기를 많이들 한다. 옛날에 우리 조상들이 그러했던 것처럼 자연이 가진 생명력을 최대한 그대로 섭취하는 것이 몸에 가장 좋다는 것을 요새 사람들도 알고 있다. 그것은 인간 스스로가 자연의 일부이기 때문이다. 인간의 몸은 자연을 이루는 땅, 물, 불, 바람의 요소와 자연의 색깔, 냄새, 맛, 영양소 등의 물질들로 이루어져 있다. 인간과 자연은 분리된 것이 아니다. 인간은 자연의 이치와 흐름에 따라 함께 삶을 이어가고 있고, 생존하고 있다. 또 자연을 통해 의식주를 해결한다.

자연(自然)이라는 단어 안에는 '스스로 그러하다' 라는 의미가 담겨 있다. 누군가 만들어내는 것이 아니라 자연스레 제각기 스스로 나고, 죽는다. 우주의 모습 그대로 인간에게도 '목(木)·화(火)·토(土)·금(金)·수(水)' 라는 '오행(五行)' 이 내재해 있고, 우리의 몸은 우주를 구성하는 4대 요소인 '지(地)·수(水)·화(火)·풍(風)', 그리고 '공(空)' 으로 이루어져 있다. 지·수·화·풍이라는 4대 요소로 이루어진 몸과 생명력인 마음이 만나 지구상의 수많은 생명체로 존재하게 되고, 이 수많은 중생이 자연이 주는 영양소에 의지해 살아간다. 그러다가 영양소의 공급이 단절되면 몸이 쇠퇴하게 된다.

우주의 에너지가 담긴 오행밥상을 차린다는 의미는 이러한 우주와 자연의 이치를 알아, 되도록 '스스로 그러한' 자연의 생명력이 그대로 담긴 음식을 준비하는 것이다. 오행밥상을 차리기 위해서는 4대 요소와 오행이 뜻하는 바, 그리고 그 성질을 알아둘 필요가 있다.

땅을 의미하는 '지(地)'는 단단함과 부드러움, 무거움과 가벼움, 거침과 미끈함의 성질을 지니고 있다. 물을 의미하는 '수(水)'는 흐름과 엉김, 불을 의미하는 '화(火)'는 뜨거움과 차가움, 바람을 의미하는 '풍(風)'은 움직임과 지탱함의 성질이 있고, 그 사이에 비어 있음을 의미하는 '공(空)'이 있다.

먼저 지(地)의 기운에 대한 이해는 땅을 떠올리는 것에서 시작된다. 사람이 죽어서 묻힌 자리에 그 에너지들이 다시 초록빛 식물들을 탄생시키고, 그 식물들이 자양분이 되어 동물이 자란다. 모든 생명체는 이렇게 자연에서 태어나 자연으로 돌아간다. 생사고락(生死苦樂)을 자연에서 엮어내고는 자연의 품으로 잠겨 스며드는 것이다. 생사가 자연 속에서 끊임없이 되풀이되고 있다. 대지의 수고로움이 없다면 작물은 자랄 수 없다. 비가 내리고 바람이 불어도 대지는 언제나 묵묵히 그 자리에 있다. 씨앗을 품고 열매를 내주며 동물의 포근한 잠자리를 제공하고, 온갖 오염물질도 거부하지 않고 다 받아주는 대지의 넉넉함이 있다.

수(水)의 기운은 생명을 윤택하게 한다. 물이 없다면 푸른 하늘과 만날 수 없다. 구름 없이 하늘이 푸를 수 있을까? 비온 뒤 대기의 기운이 수증기가 되어 하늘로 올라간다. 물은 모든 생명을 쑥쑥 크게 한다. 물은 흐르면서 스스로 정화된다. 대기의 온도를 조절하는 물의 성분은 땅속 깊숙이 흘러들어가 광물질을 키우고 땅이 건조하지 않도록 메마른 대지를 달랜다.

사대육신(四大六身, 두 팔·두 다리·머리·몸뚱이)으로 이루어진 우리의 몸에서도 수분의 역할은 중요하다. 혈액과 눈물, 콧물 등 물기로 이루어진 윤활유가 조금만 건조해도 피부가 거칠어진다. 우리 몸의 70퍼센트를 차지하는 수분은 음식을 통해 섭취된다. 물도 음식이다. 하루에 2리터의 물을 충분히 먹어줘야 윤기를 유지할 수 있다. 길을 걷다가 마주치는 강과 바다의 풍광이 아름답게 여겨지는 것은 물이 있기 때문이다. 물이 있어 산이 더욱 아름답게 보인다. 그러나 가두어둔 물은 생명력을 상실하게 된다. 물의 성품이 마음에 흐르고 있는지 때때로 들여다보아 정신의 건강함을 유지해야 한다.

화(火)의 기운은 어떨까? 불기운은 생기를 북돋운다. 인간의 체온에 대해서는 말할 것도 없다. 불은 자연이 움직일 수 있도록 도와주는 생명의 에너지이다. 해가 없다면 식물은 어디서 온기를 얻을까? 식물은 씨 속에서 불의 요소가 생겨나 온기에 의해 자라면서 그 기운을 유지한다. 커다란 고목의 불의 요소는 강한 파동을 일으키고 그 그늘 아래 작은 나무는 불의 요소가 약해 잘 자라지 못한다.

또한 음식에서 얻는 물질은 열 없이는 영양소로 거듭나지 못한다. 우리에게 생명력이 없다면 영양소가 있는 물질을 흡수하지 못할 것이다. 이런 순환의 연결고리로 음식과 그 재료를 살펴보면 식탁 위에도 깨달음이라는 것이 있다. 모든 영양소가 언제나 우리 몸에 이로운 것은 아니다. 자연의 이치를 깨달으면 자연이 주는 제철음식으로 건강을 지킬 수 있다. 아무리 좋은 영양제도 건강한 육신에게는 이물질이 될 수 있다. 어떤 이는 너무 많이 먹어서 몸을 망치고, 욕심까지 불어나니 몸의 살도 더불어 부풀어 오른다. 산속의 은자들은 언제나 알맞게 먹는다. '알맞게'라는 말이 실은 맞추기 힘든 말이다. 자신의 운동량에 맞추어서 음식을 먹어야 한다. 노동하는 이에겐 균등한 영양식이 필요하며, 많은 열량을 필요로 하기에 영양가 있는 음식을 고단백으로 먹어야 한다.

바람 없이 숨 쉴 수 있는 이가 있을까? 풍(風)은 모든 물질을 지탱하고 움직이게 한다. 꽃이 그렇고 나무가 그렇고, 동식물과 인간이 그러하다. 모든 자연이 바람과 함께한다. 바람은 식도로부터 항문에 이르기까지 하나로 통해 있는 인체를 지탱해준다. 그러면서 생기를 불어넣어주기에 세포가 건강을 유지한다. 알맞은 양의 음식을 먹으면 오장육부가 막히지 않고 질병에도 걸리지 않는다. 그러다가 오장이 힘에 겨워 헐기 시작하면 싱싱한 음식도 부패되어 나온다. 몸에서 나는 악취는 이미 질병이 진행되고 있다는 신호이다. 바람은 생명의 허파이다. 숨을 쉬게 하고 생명을 풀무질한다. 생명을 가장 가까운 곳에서 느끼고 감지하는 호흡도 바람이 만들어낸다. 대기의 기온은 수온과 어우러져 바람의 도움으로 모든 존재를 움직이게 한다. 나뭇잎 하나도 제멋대로 옮겨 앉지 못할 때 바람이 다가가 움직여준다. 바람의 통로를 지나 생명이 유지된다. 식물은 수분이 있어 윤택하듯이 바람의 요소를 한껏 누릴 때 그 자태를 뽐낼 수 있다. 인체의 신비를 느낄 때마다 움직임이 있다. 심장의 박동이 바람의 요소를 따르고 있다.

머무름도 바람의 도움이 필요하다. 가다가 멈추는 것도 바람의 반동작용이다. 가던 길을 돌아갈 수 있는 것이 바람의 수고이다. 마음이 어디로 치닫더라도 돌이켜 반성하고 뉘우치는 것도 바람이 작용하는 것이다. 눈으로 볼 수 있는 생명의 세계 깊숙이 숨결을 키우는 바람이 있다.

또한 공(空) 없이는 만물이 존재할 수 없다. 공이 없다면 에너지도 없고, 지·수·화·풍이 서로 연결될 수도 없다. 오직 공의 성질에 의지하여 생명체가 살아 있다. 공은 모든 존재를 조화롭게 한다. 한편, 공은 바람과 조금 다르다. 공은 그저 비움이 아니다. 공은 존재를 존재로서 유지하게 해준다. 지·수·화·풍 4대 요소들이 제각기 자신의 몫을 담당하도록 도와주는 조화의 꽃이 공이다. 공은 공평하다. 4대 요소 어느 것 하나에게만 자신을 내어주지 않는다. 지는 지대로, 수는 수대로, 화는 화대로, 풍은 풍대로 존재하게 한다. 몸의 오장육부도 공의 기여함을 입는다. 위장이 가득 차면 거북하다. 소화를 해낼 수 없다. 적당히 비어 있어야 소화를 위한 움직임이 시작될 수 있다. 장기와 장기 사이에 공이 있어 질병의 그늘을 벗어날 수 있다. 하늘과 땅을 멀리 있게 하는 것도 공이다. 공이 빠지면 모든 존재가 서로를 끌어당기기만 하므로 에너지를 상실한다. 식도부터 항문까지 모두 통하도록 공이 존재한다.

생명의 시작인 공기는 공의 기운이다. 숲을 키우는 공의 요소는 생명이 더욱 푸르러지도록 돕는다. 나무가 자라는 만큼 공은 높아간다. 공이 이끄는 숲의 좋은 공기가 숨 쉬는 이들에게 안락함을 선사한다. 좋은 물이 있고 신선한 공기가 있어야 한다. 공의 요소는 인간의 마음도 움직인다. 생각이 단순해지면 공의 도리 속으로 들어간다. 생각이 복잡해지면 공의 혼잡함만 키우며, 깨달음과는 천지 차이로 벌어진다. 공이 있어 깨달음의 진행도 가능하다. 한곳을 응시하는 눈의 노력도, 보고 싶지 않은 현상을 외면할 수 있는 눈감음도 공이 존재하는 곳에 있다. 어떠한 행위도 공의 도리에서 가능한 것이다. 한눈을 팔지 않는 오롯함이 끊임없이 반복하는 생을 멈추게 할 수 있다. 윤회의 그늘에서 벗어나는 생사의 자유로움을 공을 통해 만날 수 있다.

우리가 먹는 음식들을 들여다보면 모든 것이 영양소와 지·수·화·풍의 요소로 이루어져 있다. 이런 음식을 섭취하는 우리들의 몸은 아주 작은 미립자의 집합으로, 역시 지·수·화·풍으로 이루어져 있다. 우리는 몸과 함께 마음을 가지고 있다. 불교철학에 따르면 마음의 통로는 오온(五蘊)이라 하고, 색온(色蘊)·수온(受蘊)·상온(想蘊)·행온(行蘊)·식온(識蘊)이 이에 속한다. 이중에서 색온은 지·수·화·풍으로 이루어져 있으며, 이 색온이 정신적 요소를 만나기 전에 부딪히는 것이 안(眼)·이(耳)·비(鼻)·설(舌)·신(身)·의(意), 즉 육근(六根)이다. 누구나 보고 듣고 냄새 맡고 맛보고 느끼고 생각한다. 색온은 몸이고, 수온·상온·행온·식온은 마음이다. 마음은 몸에 의지하여 일어나고, 몸은 마음에 의지하여 일어난다. 안·이·비·설·신·의가 모두 그렇다. 보는 마음은 눈에 의지하여 일어나고, 듣는 마음은 귀에 의지하여 일어난다.

육근에 육경(六境)인 색(色)·성(聲)·향(香)·미(味)·촉(觸)·

법(法)이 부딪혀서 안식(眼識)·이식(耳識)·비식(鼻識)·설식(舌識)·신식(身識)·의식(意識)이 일어난다. 색이 보이기 전에 눈은 까만 동공과 흰자위로 이루어진 단순한 물질일 뿐이다. 마음이 작용할 때에야 비로소 보는 능력이 생긴다. 그 마음이 없으면 눈은 보이지 않는다. 듣는 기관인 귀, 거기에 소리가 다가와서 들으려는 마음이 일어난다. 육근의 모든 요소가 이렇게 일어나서 우리 육신을 이루고 있다. 오온(색·수·상·행·식)의 실체가 만들어지기 위해서는 이 육근이 있어야 한다. 육근 없이 오온은 생기지 않는다.

오행을 조금 더 들여다보면, 그것들의 움직임이 청(靑)·적(赤)·황(黃)·백(白)·흑(黑)이라는 다섯 가지 색으로 구분되어 나타남을 알 수 있다.

목(木)의 기운인 푸른빛은 혼(魂)의 색이다. 봄이 되어 파릇파릇 돋아난 새싹들의 색이다. 새벽에 내린 이슬은 연초록의 산천초목을 진초록으로 바꿔간다. 푸르른 산야 안에서 생명이 자란다. 이 땅에서 우리는 그렇게 삶과 죽음을 되풀이한다. 생명을 움직이는 힘, 우리 마음이 거기에도 있다. 봄은 소생의 계절이다.

동녘의 붉은 해를 마주한 적이 있는가? 떠오르는 해가 나투는 빛살들을 헤아려본 적이 있는가? 장엄한 해돋이를 매일 바라보노라면 인생이 풍요로워진다. 동쪽으로 몸을 돌리면 우주의 강렬한 푸른빛이 시야를 통해 온몸으로 들어온다. 마음의 눈으로 간을 쓰다듬으면서 동녘 빛을 중단전에 모아본다. 자연을 품고 사는 이는 가진 것을 헤아리지 않는다. 피부로 느끼기만 하면 자연은 이미 모두 내 안에 있다. 하늘만큼 광대한 크기도 두 눈에 담을 수 있다.

이번에는 새벽길을 따라 숲을 만나러 간다. 한 모퉁이에 함초롬히 피어 있는 꽃들이 빛을 낸다. 손발로 돌보지 않아도 초록색 이파리는 생명의 광택으로 반질거린다. 우연히 만난 때죽나무의 꽃향기는 그 싱그러움과 달콤함으로 오래도록 기억에 남는다. 숲으로 난 길을 오르락내리락 평온한 마음으로 걷고 나면 살아 있음이 내심 고맙고 행복하다. 시작과 새로운 발견, 태동, 속다짐……. 항시 되풀이되는 다짐이라 해도 아름다운 약속이다. 자신을 챙기는 마음이 이어지고 있기 때문이다. 봄의 나물이 온 산을 뒤덮고, 숲의 자리매김이 시작된다.

적색은 어떤가? 붉은빛은 정열의 색이다. 오행에서 화(火)는 여름을 의미한다. 여름에는 많은 이들이 활기에 넘친다. 시원한 바다로, 산속 계곡으로 찾아가 물소리를 벗 삼아 자신을 만난다. 정열과 광란의 밤들이 여름에 태어난다. 들뜨고 흥분된 명랑한 소리를 만날 수 있다. 즐거움이 가득한 계절이며, 심장의 맥박이 빨라지는 계절이다. 그래서인지 심장이 약한 이들이 여름나기가 오히려 수월하다.

식물은 어떨까? 충분한 햇살과 비바람이 살을 찌워 하루가 다르게 모습이 자란다. 여름의 채마밭은 풍부한 먹을거리를 실어준다. 상추와 오이가 물이 오르고 고추가 익어간다. 산과 들에는 각종 산야초가 에너지를 비축하고 있다. 어찌나 고마운 햇살인지 식물들은 마냥 즐겁다. 나무들은 그늘을 드리워 휴식을 위한 자리를 마련한다.

그러면 중앙 방위인 황색은 어떠한가? 비장과 위장을 의미하는 황색은 조화의 색이다. 청색과도 적색과도 잘 어울리는 빛깔이다. 황색은 땅의 색이다. 오행 중 토(土)에 해당되는 대지는 모든 생명을 무럭무럭 기르며 돌본다. 우리의 위장도 그처럼 먹는 대로 다 받아들인다. 음식을 받아들이는 것은 위장이지만, 실은 비장이 식욕을 조절한다. 비장이 약한 이는 까다로울 정도로 음식을 즐기지 않는다. 먹는 것 자체가 버겁기 때문에 입이 짧다. 그러다가 비장의 기능을 조금만 북돋아주어도 음식이 쩍쩍 입에 달게 느껴진다. 입맛이 돌아오면 식사시간도 즐겁다. 그래서일까? 파프리카도 달콤한 주황색이 가장 맛있다. 음식을 가짓수로 헤아린다면 과연 몇 가지일까? 우리가 한나절 동안 먹는 음식만 세어보아도 그 숫자가 상당하다. 그런데도 넙죽넙죽 다 받아먹으니 위장은 대단한 기능의 보유자다. 대지의 역할도 이 위장과 다를 바 없다.

　우주 안에 생명의 근원이 있고, 그 생명의 중심에 우리가 있다. 순환하는 자연의 시계를 누가 멈출 수 있겠는가? 오행의 근간인 목·화·토·금·수의 기운이 생명을 유지한다. 상생의 기운이 왕성할 때 우주는 평화를 되찾고, 상극의 기운이 왕성할 때 우주는 파괴되어 질서가 무너진다. 세상에 있는 선(善)한 기운은 보호하려고 노력해야만 지켜진다. 선악(善惡)의 뿌리를 함께 가지고 있는 우리 마음이 수행으로 향상될 때, 이 우주의 기운은 함께 선으로 향한다. 악한 기운이 성할 때, 전쟁의 소용돌이 속에서 상처받는 이들이 많아진다. 모든 생명을 소중히 여겨서 남을 해치지 않는 자비관을 닦아야 자신도 남한테서 해침을 당하지 않고 보호받게 된다.

여러 생을 거친 수많은 생명체들이 이미 불안과 공포를 겪고서 지금 이 세상에 있다. 두려움 없이 세상에 나서는 이가 과연 얼마나 될까? 태어나면서부터 우리 모두가 이미 지니고 있던 불안과 공포는 세월이 흐르면서 우리와 함께 자란다. 마음밭에 우수품종을 심어서 선한 마음이 항상 자랄 수 있도록 자연을 향해야 한다. 윤택한 산과 들을 사랑할 수 있을 때, 넉넉한 자연의 품이 우리에게 쉼터가 될 수 있다.

금(金)에 해당되는 백색은 어떠한가? 흰색의 과일과 뿌리음식은 폐를 좋게 하는 식재료다. 그러므로 기관지가 약한 사람에게는 도라지나 더덕 음식이 도움이 된다. 비염은 기관지와 연결되어 있다. 폐가 약한 사람이 기침도 자주 하고 감기에도 잘 걸린다.

추석에 토란국을 먹는 이유는 여름에 배탈나는 차가운 음식을 대했으니 토란으로 해독하라는 의미이다. 유난히 뿌리음식이 풍부한 계절이 가을이다. 절기상 가을에 해당되는 백색은 우리 민족을 상징하는 색깔이기도 하다. 만물을 두루 수용하는 백색은 용서의 색이다. 용서에 인색한 사람은 폐가 약하다. 오직 의리에 살기 때문에 배신하면 용서가 없다고나 할까?

금의 성품은 냉정하다. 불가(佛家)에서는 용서라는 단어가 필요하지 않다. 일체중생 개유불성(一切衆生 皆有佛性, 만물이 불성을 가지고 있다)이기 때문이다. 모두가 평등하다. 그런데 누가 누구를 용서한단 말인가? 용서란 아름다운 나눔이다. 평등심에서는 용서가 필요 없다. 그냥 이해하고 배려하면 되는 것이다. 그러나 그러지 못할 때 스트레스가 생겨난다. 우리는 그런 사실을 이미 알고 있으면서도 용서하기 힘든 순간을 극복하지 못한다.

 식물의 뿌리들이 왕성해지는 가을에는 우리의 식탁도 날로 풍요로워진다. 땅속에서 오래도록 살을 찌운 뿌리채소들은 근골이 건강해지게 돕는다. 가을을 허술하게 보내지 말아야 한다. 가을에 밖으로 내닫는 마음을 챙기지 못한다면 뼛속까지 시린 겨울이 힘들어지니까. 가을은 말도 살이 찐다고 하지 않던가. 사람의 마음도 살을 찌우는 계절이 되어야 한다. 오염된 물질을 정화하는 백색의 음식을 먹고 그릇된 견해를 바로잡는 시간을 가져야 한다. 백색의 기운이 왕성해서 식재료가 알차게 되는 절기에 순백처럼 고결한 몸과 마음을 가꾼다. 마음수련이 무르익는 가을에는 매운 음식으로 찌는 살을 조절한다. 가을 음식은 약간 매워야 제 맛이다.

 흑색의 오행은 어떠한가? 겨울 색인 흑색은 물처럼 지혜롭다. 검은 음식을 먹으면 신장과 방광이 좋아진다. 다시마, 검은콩, 검은깨는 목소리를 윤기 있게 하고 검은 머리를 나게 한다. 혈의 기운을 돋우는 흑색은 짠맛이 배어 있다. 오만한 마음이 고개를 쳐들고 자아에 교만이 끼어들 때, 짠 음식을 한번 먹어보자. 아마 소금에 절인 채소처럼 마음이 다소곳해질 것이다. 그러나 지나치면 비굴해진다. 물의 성품은 어떠한가? 물은 위에서 아래로 흐른다. 물은 거슬러 오르려고 하지 않는다. 오직 순응하며 시간을 기다린다. 우리 몸의 70퍼센트를 차지하는 수분, 그 물이 고이거나 막히면 몸이 아프다. 혈액이 탁하면 흐르지 못해서 안색이 칙칙해진다. 그러므로 몸의 흐름이 탁해지지 않도록 물의 지혜를 배워야 한다.

겨울은 비움의 시간이다. 덜 먹고 정신적으로 더욱 깨어 있어야 하는 시기이다. 생각도 그렇고, 사람과의 만남도 그렇고, 물질을 구하는 욕구도 그렇고, 비우면 비울수록 정신이 성장한다. 그러면 의식적으로 건강을 챙기지 않아도 건강하다. 건강한 정신은 질병을 용납하지 않으므로 정신을 똑바로 차릴 때 어떤 질병도 엄습하지 못한다.

병은 반기지 않더라도 몸 어디에든 슬그머니 자리를 차지한다. 먹는 거라면 가리지 않고 무조건 많이 남의 것조차 가로채어 꾸역꾸역 먹으면서도, 들어간 음식이 어떤 모습인지 들여다보려고 하지 않고 뱃속의 오장육부에 다 떠넘긴 채 건강하기를 바라선 안 된다. 왜냐하면 장기는 적당하지 못한 것을 감당하지 못하기 때문이다.

겨울산은 황량하고 적막하다. 그 많던 푸른색이 어느새 모두 바래고, 초목의 뿌리조차 숨을 죽이고 있다. 오로지 바람만이 그들을 가로질러 동면의 잠을 깨운다. 두렵기조차 한 겨울밤, 두 귀를 쫑긋 세우게 하는 겨울밤이다. 그러나 어둠이 지나가면 투명한 밝음이 다가온다. 이렇게 우주는 윤회하고, 중생은 돌고 돌면서 새로운 생명을 잉태한다.

우주 속에서 물질의 유전자들이 다르듯이, 음식이 풍기는 냄새도 각각 다르다. 고소한 냄새, 쓴 냄새, 달콤한 냄새, 매운 냄새. 음식은 먹은 대로 몸에서 그 냄새가 난다. 향내 나는 나물은 그 향기를 내뿜고, 동물성 식품은 그 독소를 내뿜는다. 일반적으로 음식의 맛과 향은 양념에 의해 결정되어서, 강한 양념에 의해 저마다 지닌 고유의 맛과 향이 퇴색되어버리기도 한다. 양념 맛이 아니라 채소가 제 맛을 내는 육미(六味, 쓰고 달고 짜고 싱겁고 시고 매운 여섯 가지 맛을 가리키는 말로 온갖 맛을 이른다)를 밥상에서 늘 함께한다면 정말 멋있는 밥상이 차려진다.

우주의 근원을 이루는 물질이 오행이기에 모든 식재료들은 오행의 기운을 각각 품고 있는데 그것을 색깔로 알아볼 수 있다. 푸른색, 녹색 음식은 간으로 가고, 붉은 음식은 심장으로 가고, 검은 음식은 신장으로, 황색 음식은 대장으로, 하얀 음식은 폐로 간다. '오행밥상'이란 오행의 색깔을 다 함유하고 있는 식재료로 골고루 차린 건강한 밥상을 말한다. 요새 음식의 식감을 돋우기 위해 이야기하는 '컬러푸드(color food)'와는 차원이 다르다. 내 몸의 기운을 평등하게 키우는 밥상이 오행밥상이다.

어떤 음식에 칼로리가 얼마, 비타민이 얼마 들어 있고 어떤 영양분이 몇 그램 들어 있는지 하는 것은 과학적으로 수치화할 수 있지만, 오행의 기운은 과학으로 설명할 수 없다. 자신이 먹는 음식을 보고 몸을 관찰해야만 알 수 있다. 오행의 기운이 고루 든 음식을 먹지 않고 가려서 먹으면 몸도 오른쪽 기운만 성하거나 왼쪽 기운만 성하게 된다. 사고의 영역도 마찬가지다. 생각도 어느 한쪽으로 편중된다. 먹는 것을 골고루 먹지 않으면 분별심만 기르게 된다. 좋은 건 너무 좋아하고 싫은 건 너무 싫어하는 습관에 익숙해진다. 오행을 갖추어 밥상을 차려야 평등심을 잃지 않을 수 있다.

오행밥상은 거창한 상차림이 아니라 매우 소박하고 단순하다. 예를 들어 밥, 된장국, 김치, 미역, 취나물만 가지고도 오행밥상은 완성된다. 쌀의 흰색, 된장국의 황색, 김치의 붉은색, 미역의 검은색, 취나물의 푸른색이 고루 들어가 있기 때문이다. 쌀로만 지어진 쌀밥 대신 잡곡밥이 있으면 더 간단해진다. 잡곡밥에는 여러 가지 색깔이 섞일 수 있기 때문이다.

또한 밥으로만 차려지는 것도 아니다. 우리가 시장에서 흔히 보는 잔치국수도 오행밥상이 될 수 있다. 잔치국수는 하얀 국수 위에 녹색 미나리, 붉은 당근 채, 노란 계란 지단, 검은 석이버섯을 고명으로 얹기 때문이다. 이유 없이 음식이 되는 것이 아니다. 우리 조상의 지혜가 이렇게 드러나는 것이다. 이왕 오행밥상을 차리는 것, 시늉만 내지 말자. 요새 시중에 나오는 잔치국수에는 석이버섯이 빠진 경우가 많은데 이렇게 되면 오행의 한 요소가 빠지게 되는 것이다.

우주의 생명력이 빚어내는 자연의 식탁을 차리려 할 때, 절밥에서 풍부한 지혜를 빌려올 수 있다. 절밥은 우리 조상들이 먹던 음식이고, 공양이라는 미덕의 가치를 지닌다. 절밥은 절집의 느림과 여유의 철학에서 나온 식탁문화이다. 밥상을 받는 우리의 마음을 살펴, 음식을 나누면서 보리도(깨달음)를 이룰 수 있도록 이끄는 식탁문화이다.

　황제가 천사(天師)이신 기백에게 이렇게 물었다.

　"내가 듣건대 태고 시대의 사람들은 연세가 모두 백 세를 넘더라도 그 동작이 쇠하지 않았다고 합니다. 그런데 지금은 사람들이 나이가 반백만 되어도 그 동작이 모두 쇠함은 시대가 달라서인가요, 아니면 양생의 도를 그르쳤기 때문인가요?"

　기백이 이렇게 답하였다.

　"태고 시대의 사람들은 그 양생의 도를 아는 사람들로, 음양의 법에 따라 규율을 본받고, 술수에 조화를 이루었으며, 먹고 마심에 절도가 있었고, 기거함에 상도가 있었으며, 무질서하게 무리하지 않았습니다. 그러므로 몸과 마음을 제대로 갖추어 천수를 모두 마칠 수 있었기에, 백 세가 넘어서야 세상을 떠났던 것입니다. 그러나 오늘날의 사람들은 그러하지 못합니다. 술을 음료로 여기고, 일상이 무질서하며, 취했음에도 입방(入房)하고, 욕망만으로 그 정(精)을 다하고, 좋다는 것만으로 진기를 소산시켜버리며, 정기를 지킬 줄 모르고, 신기를 조양할 줄 모르며, 그 마음이 즐거움만을 추구할 뿐, 즐거움의 근원과는 거슬리게 행동하고, 기거에 절도가 없습니다. 이 때문에 반백만 되어도 쇠하는 것입니다."

―『황제내경』

절집의 식생활과 사찰음식

　금수암에 들른 모 제약회사의 책임자라는 분은 이렇게 말한다.
　"스님, 우리는 당뇨병 치료제를 만들고 있습니다. 그런데 납품차 병원에 갔더니, 요사이 당뇨병 환자 수가 배로 는 것 같다며 도무지 그 이유를 모르겠다고 합니다."
　그러나 산중에 사는 사람에게는 그 이유가 분명하게 보인다. 사람들이 자기 구미에만 맞추어서 음식마다 설탕을 마구 넣고 있으면서도 그 현실을 간과하고 있는 것이다. 외식문화의 큰 허물은 음식을 달게 하여 입맛을 바꾸어놓은 것이다. 방송에서 시연되는 요리 과정을 지켜볼 때마다 백설탕을 거리낌 없이 집어넣는 모습에 안타까웠던 적이 한두 번이 아니다. 한식을 만드는 데 설탕을 사용할 일은 그리 많지 않다. 양식은 설탕 없이 이야기가 안 되는 부분이 많다. 소스에 설탕을 직접 넣는 대신 조청을 넣어도 되지만, 설탕을 넣는 편이 훨씬 간편하기 때문에 일반적으로 다른 방법은 잘 안 쓰인다.

요리 학원에 가본 이들은 한번씩 양념을 생각해볼 일이다. 조선간장 대신 양조간장이 장맛을 대신하고 있고 소금은 정제소금을 쓰고 있다. 자격증을 따기 위해 배우는 대로 익히니 취업을 해서 주방에 들어가면 으레 배운 대로 음식을 만들어 소금, 설탕이 장맛을 제치고 주방에서 으뜸 행세를 한다. 이렇게 간편하다는 이유로 조미료와 식품첨가제를 마구 사용하면서 몸에 이상이 생기자, 먹는 음식이 잘못되었다는 것을 사람들이 어렴풋이 깨닫기 시작한 것 같다. 지금 자신의 식습관이 몸에 좋지 않다는 것을 깨달은 이들의 채식에 대한 관심도 급증하고 있다. 또, 사찰음식을 체험하고 싶다며 절로 찾아드는 이도 적지 않다.

이런 시대에 사찰음식에 대한 관심은 어쩌면 당연하다 하겠다. 사찰음식은 자연을 벗어나지 않으며, 오래전 우리 조상들이 먹던 음식에서 비롯되었다. 사찰음식은 북방불교권인 중국의 문화를 경험하면서 시작되었다고 본다. 불교가 이 땅에 처음 들어온 시기는 고구려 소수림왕 2년(372년)이라고 기록되어 있다. 우리 민족의 역사가 불교와 함께해왔다고 해도 과언이 아닐 만큼, 절집의 음식은 조상대대로 물려받은 음식문화다.

그 옛날부터 조상들이 먹던 음식이 재조명을 받기 시작한 데에는 절집 음식의 '소박함'이 우리를 다시금 깨우치게 하는 대목이 있기 때문이다. 절집 음식을 한번 접해본 이들은 그 소박한 맛을 잊지 못해 다시 찾는다. 절집 음식에는 각종 양념류를 넣지 않아서 산야초의 향미가 그대로 느껴진다. 열량이 많은 음식은 거의 없다. 과식을 해도 탈이 나지 않는다. 우리 몸은 자연이다. 우리는 자연에서 와서 자연으로 돌아간다. 자연에 가장 가까운 음식문화가 우리를 건강하게 하는 것은 당연한 이치이다. 절집 음식은 한마디로 양념이 흔치 않던 시대에 먹던 소박한 밥상이라고 할 수 있다.

이제야 사찰음식이 세간의 관심과 애정 속에 즐거운 밥상으로 여겨지고 있다는 것은 다행스러운 일이다. 절밥을 처음 대하는 이들은 절밥을 단지 육류와 오신채(五辛菜, 마늘·파·부추·달래·흥거의 다섯 가지 재료로, 자극이 강하고 냄새가 많은 것이 특징)를 넣지 않은 음식, 후추와 고춧가루를 안 쓰는 음식, 또는 밥과 나물로만 차려진 음식에 지나지 않는다고 오해하기도 한다. 그러다가 인연이 닿아 절밥을 먹어보고 그 담백한 맛에 반해버린다. 식재료가 오염되고 거기에 각종 첨가제로 그럴듯하게 위장된 요사이 식품들 속에서 절밥은 단연 돋보일 수밖에 없다. 절밥은 몸이 괴롭지 않은 묘한 이치를 담은 음식이다.

또한 절집 장맛의 훌륭함은 어디에도 비할 데가 없다. 부뚜막의 소금종지는 천연의 조미료이다. 자연이 주는 훌륭한 음식과 물, 공기, 바람을 호흡을 통해 들여다보자. 호흡도 훌륭한 음식이다. 많은 것을 잊고 사는 현대인들에게 사찰음식은 마음으로 준비하는 음식이라는 의미를 지닌다. 그것은 유연하고 정갈하고 절도가 있는 음식문화이다.

엄밀히 말하면, 절집의 식생활은 다른 생명체를 필요로 하지 않는 정찬(淨餐)이다. 그것은 깨끗한 음식, 다른 생명체를 희생하지 않는 소식(素食)을 의미한다. 수행을 일상으로 삼는 이들의 식사이다. 이와 관련하여 탁발(托鉢)에 대해서 이해할 필요가 있다. 탁발은 도를 닦는 승려가 경문(經文)을 외면서 집집마다 다니며 음식을 구하는 일로, 가장 간단한 생활을 표방하는 동시에 아집(我執)과 아만(我慢)을 없애고, 보시하는 이의 복덕을 길러주는 공덕이 있다고 하여 부처님 재세시부터 행하였던 방식이다. 수행승들은 자기 끼니를 다른 이의 공덕의 기회로 제공한다. 밥을 얻어서 함께 나누며 그들의 행복을 기원한다. 자기 수행의 힘을 수행하지 못하는 다른 이들과 고루 나눈다. 이 음식을 보시한 공덕으로 다음 생에는 깨달을 수 있기를……. 지금도 남방의 수행승들은 새벽길을 몇 리씩 걸어서 마을을 찾아 탁발한 음식을 가지고 사원으로 돌아가면서 경행을 하면서도 침묵 속에서, 음식을 제공한 이들에게 축복의 메시지를 보내고 있다.

옛날 부처님께서는 제자들에게 부잣집이나 가난한 집을 따지지 말고 무조건 일곱 집을 돌며 탁발하도록 규율을 정하셨다. 탁발은 신도들로 하여금 수행자들에게 공양을 올림으로써 복을 짓게 하고, 공양을 거부하는 이에게서 언짢은 말을 들어도 수행자들로 하여금 원망 없이 묵묵히 수모를 견디어 수행의 방편으로 삼게 하는 데 그 의의가 있다. 그리하여 스님들이 입는 가사는 복전의(福田衣)라 하여 논밭의 둑을 쳐놓은 형태로, 복을 짓는 밭이라는 의미를 지닌다. 본능적인 종교적 신념이 복을 비는 행위로 나타나는 것은 진실한 행동이다. 자신의 힘으로 어찌지 못하는 상황에서 절대자나 수승한 이에게 기대어서 마음의 평화를 찾을 수 있다면 복을 비는 행위는 아름다운 행위다.

불교에서는 발원(發願)과 서원(誓願)이라는 말이 자주 쓰인다. 바라는 바가 자기가 속한 우주에 가득 차게 염원하는 행위이다. 서원은 반드시 이루어진다고, 부처님께서는 경전을 통해 말씀하셨다. 간절히 바랄 때는 그걸 이루기 위하여 열심히 노력하게 된다. 진실하게 정진하는 이에게 조력자는 반드시 나타난다. 무수한 원력보살들이 지금도 많은 이들의 서원에 귀기울이고 있다. 타인을 위하여 자신의 부를 나누는 이들이 얼마나 많은가? 배고픈 자에게 음식을 제공하는 이, 남의 불행을 더불어 극복하는 이를 통해 이 세상은 밝고 건강해진다.

사찰음식은 이렇게 시작되었다. 사원이 정착되면서 수행승들에게 거처가 마련되었고 함께 음식을 만들어 먹는 문화가 생겨났다. 지금의 절들은 절에 딸린 채마밭을 가꾸어 온갖 채소를 직접 재배하고 수확하면서 신도들과 두루 나눈다. 산속에 자리한 사찰들은 주변의 산에서 수많은 자양분을 얻는다. 마치 쌀농사를 지으면서 볏단이 덤으로 생기는 것처럼 말이다. 공기가 맑고, 바람이 싱그럽고, 깨끗한 물이 있으면 소박하게 먹어도 속의 허전함이 없다.

음식에 대한 애착을 애초에 버린다면 행복한 밥상을 만날 수 있다. 명상은 웰빙의 근원을 찾아가는, 내면으로의 여행이다. 명상은 말 그대로 밝은 생각이다. 생각이 모든 것을 변화시킨다. 밝은 생각을 만드는 것도, 어두운 생각을 만드는 것도 언제나 마음이다. 의식에서 흘러나오는 무수한 생각의 방향을 어떻게 조절하느냐에 따라 마음도 따라 변화한다.

　느림과 여유를 바탕으로 한 우주의 밥상, 누구에게나 절묘한 평온을 가져다주는 밥상이 절밥이다. 사찰음식은 삼덕(三德)을 갖추고 있다. 청결함, 부드럽고 유연함, 여법함이 그것이다. 그리고 먹는 법 또한 다르다. 남기지 않고 다 먹는 것이 중요하다. 내가 먹은 음식의 그릇을 비워서 남은 음식이 쓰레기로 돌아가는 것을 방지하는 것은 아름다운 행위이다. 그것은 일종의 책임이라고 할 수 있다. 함께 다 차려놓고 왁자지껄하게 먹는 것이 우리의 일반적인 문화이다. 그러나 절에선 밥을 먹는 것도 수행이기에 오감을 통해 음식이 자기 몸으로 가는 것을 느끼며 먹어야 한다. 죽비 소리에 의지해서 먹고, 그 소리에 의지해서 수저를 놓는다. 말이 필요하지 않은 식생활인 것이다.

　보통 부엌에서 음식을 만들 때 순서를 지키지 않고 주먹구구로 만들고 있다. 그러나 절에선 재료를 다 갖춰서 씻어 분류하고 찌거나 볶거나 끓이는 순서를 지켜서 만든다. 일반적으로 사람들은 음식을 만들 때 정돈되지 못한 부엌일을 하고 있다. 그것은 결국 정신의 산란함을 키우는 것이다. 뭐든 절도 있게 하는 것이 중요하다. 먹는 것도 소리내서 먹지 않듯이 음식을 만들 때, 치울 때도 마찬가지다.

　상을 거둘 때도 순서가 필요하다. 남긴 음식을 처리하는 것이 필요하고, 설거지할 때도 절집에선 세제를 안 쓴다. 기름기 없는 것을 씻어 먼저 정돈하고, 물이 많이 필요한 그릇은 나중에 씻어야 물을 절약하게 된다. 음식을 먹고 치우는 행위는 마무리 행위이기 때문에 정갈하고 깨끗하게 이루어져야 한다. 정돈되지 않은 채 살아가는 것은 늘 산란한 것을 옆에 끼고 살게 되는 것이다. 그렇게 되면 번뇌의 싹이 자라나는 것이나 마찬가지다. 어떤 이들은 부엌일을 비용을 지불하여 남의 손에 의지하는데 그것은 좋은 식문화가 아니다. 거동이 불편하다는 이유 등으로 정말로 사정이 여의치 않은 경우를 제외하고는 자기 스스로 부엌일을 하는 것이 좋다. 그래야 자기 마음밭까지 스스로 정리하는 습관을 키울 수 있다.

무엇을 먹는가도 중요하지만 어떻게 먹을 것인가도 중요하다는 것이다. 올바른 밥상문화도 일찍부터 교육되어야 한다. 때문에 요즘 청소년의 학교 급식문화가 시간 부족과 이기심에 쫓겨 심지어 폭력적인 성향을 띠기도 하는 것은 심각한 문제라고 할 수 있다. 무조건 빨리 먹어야 하는 식사시간이 아닌, 누구에게도 방해받지 않는 행복한 식사시간이 될 수 있도록 마음의 여유를 갖는다면, 음식의 고마움도 더 잘 느끼게 되고, 자기 몸에 들어온 영양분들이 어떻게 소화되는지도 찬찬히 살필 수 있다. 마음으로 음식 먹는 법을 공덕의 밥상인 절밥을 통해 만날 수 있다면 바른 인성을 형성해가는 데 중요한 바탕이 될 것이다.

사찰음식 문화에 따르면, 자연식으로 씨앗과 과일, 야채, 꿀, 녹차 등을 즐기고, 뜨겁거나 지나치게 시고 쓰고 짜고 건조하고 매워 심신의 조화를 깨뜨려 흥분하게 하는 음식은 절제하는 것이 좋으며, 고기, 술, 양파, 마늘 등도 멀리하는 게 좋다. 그러나 미각에 민감한 현대인들이 사찰음식을 보다 쉽게 가까이할 수 있도록, 오행이 고루 들어가고 첨가물을 넣지 않으면서도 현대인의 입맛에 맞는 음식군을 개발하기 위해 퓨전적인 방식을 시도해볼 필요가 있다.

밥종 소리를 듣거든 곧 웃옷을 정돈하라.

밥을 받고 축원할 적에 공경히 해야 한다.

헌식(獻食, 귀신에게 베풀기 위해 떼어놓는 밥)은 밥이면 일곱 낱, 국수면 한 치, 만두면 손톱만큼 뜰 것이니, 많으면 탐이 되고, 적으면 인색한 것이 된다. 나무새나 두부는 내지 않는다.

헌식 뜬 것은 왼 손바닥에 놓고 게송을 외운다.

'내가 지금 귀신들한테 먹을 것을 주노니 시방에 가득 차서 여러 귀신들이 모두 먹어라.'

밥을 받고는 다섯 가지로 살펴보되 '첫째, 공력이 얼마나 들었으며 어찌하여 여기 왔나. 둘째, 내 도덕과 내 행실이 이 공양을 받을 만한가. 셋째, 나쁜 마음 끊으려면 탐·진·치가 으뜸이다. 넷째, 몸이 여위는 것을 낫게 하는 약이라고 생각한다. 다섯째, 불도를 이루고자 이 음식을 먹습니다' 하라.

음식이 좋다 나쁘다 나무라지 말라.

음식으로써 가까운 사람에게 손을 쓰거나, 떼어서 개를 주면 안 된다.

가반(加飯, 더 먹을 것이면 더 가져오는 것)할 때에 '안 먹어요' 하면 안 되고, 배가 부르거든 손으로 사양하라.

머리를 긁어서 더러운 것이 옆 사람의 발우에 떨어지게 하면 안 된다.

음식을 입에 물고 말하면 안 된다.

웃고 이야기하면 안 된다.

음식을 씹어서 소리내면 안 된다.

잇새를 쑤시려거든 소매로 입을 가리라.

음식에 벌레가 있거든 아무도 모르게 치워버리고, 옆 사람이 보고 의심하게 하지 말라.

앉은자리에서 단번에 먹어야 하고, 먹은 뒤 자리를 옮겨서 또 먹으면 안 된다.

먹고 나서 손가락으로 그릇을 훑어 먹으면 안 된다.

밥 먹는 것은 너무 빨라도 안 되고 너무 늦어도 안 된다.

가반이 미처 오지 않는다고 짜증내면 안 된다.

시킬 일이 있으면 손짓으로 시늉하고 크게 말하지 말라.

발우를 소리내면 안 된다.

밥 먹고 먼저 일어나지 못한다.

규칙을 어기다가 경책을 받고 반항하면 안 된다.

밥에 뉘가 있으면 껍질을 벗겨 먹는다.

맛나는 음식을 보고 탐심을 내어 마구 먹으면 못쓴다.

대중을 떠나 따로 먹으면 못쓴다.

—『사미율의』, '대중과 함께 밥 먹는 법'

웰빙은 다른 곳에 있다

 요즘 많이 사용하는 말 중에 '웰빙(well-being)'이 있다. 웰빙이라는 말이 어디에나 쓰여 우리를 혼란스럽게 한다. 웰빙이란 말이 튀어 나오자마자 모두들 상류사회로 진입하는 것으로 착각하고 있다. 편리한 고가의 가전제품과 유기농 식사가 웰빙이라고 말하는 이도 있다. 요가, 아로마세러피, 명상음악, 스파, 마사지 같은 것으로 웰빙이 실천되는 것으로 인식하는 사람들도 많다.

 한마디로 지금 우리 사회는 육신을 영화롭게 하는 웰빙을 부추기고 있다. 그러나 과연 마음의 평온 없이 웰빙이 이루어질 수 있을까? 상품화된 문화를 많은 돈을 지불하고 향유한다고 해서 웰빙으로 바로 이어지는 것은 아니다. 이런 문화상품들을 사들일 여력이 있는 사람들만 혜택을 누릴 수 있는 것이라면 이것은 진정한 웰빙과 거리가 멀다. 자본주의 사회에서 재력을 가진 이들만 '잘 먹고 잘 사는' 웰빙을 할 수 있는 것이라면 이 세상은 물질의 노예가 되어버린 인간들만 웃는 불행한 세상이 될 것이다. 탐욕은 한이 없기에 일단 욕망을 채운다 해도 계속해서 결핍과 열등감에 시달리게 될 것이다. 사람들 사이에 끊임없는 다툼과 분쟁이 생겨날 것이고, 많은 이들이 목숨을 건 전쟁까지도 불사하게 될지 모른다. 멋진 집에 살고 아름다운 옷을 입고 맛있는 음식을 먹고 하고 싶은 일 다 하면서 산다면 행복하다고 말할 수 있을까? 마음이 탐욕스럽다면 결코 행복하다고 할 수 없으리라. 진정한 행복은 넓은 지혜의 밭에서 자비의 꽃이 피어나는 것이다.

　웰빙의 진정한 의미는 잃어버린 우리의 정신건강을 회복하고 자연으로 돌아가서 땅과 더불어 호흡하는 바른 삶이다. 자기 욕심을 덜어내고 타인을 수고롭게 하지 않으면서 어질게 사는 삶, 거기에 진정한 웰빙이 있다. 돈이라는 매개체를 통하지 않고 스스로 기쁨을 누리는 삶이야말로 우리가 추구해야 할 웰빙이다. 자신의 의도를 실현하기 위해 자연현상을 거스르는 게 아니라, 자연의 흐름에 순응하면서 자신의 의도를 다스리고 나아가 자연과 동화된 비움의 시간을 갖는 것이 웰빙으로 가는 지름길이다. 그렇게 되기 위해 스스로 끊임없이 성찰해야만 한다.

　현대사회에는 우리를 행복하지 못하게 하는 것들이 너무 많다. 바쁘게 돌아가는 현실도 버거울뿐더러 여러 가지 사건으로 인한 슬픔, 육체적 고통과 불쾌감, 자포자기, 절망, 싫은 것을 만나는 괴로움,

좋아하는 것으로부터 멀어지는 괴로움, 소망하지만 구하지 못하는 괴로움, 자녀의 불순종적인 태도, 가족의 불화합 등 우리의 일상은 언제나 불행의 그늘 속에 있는 듯하다. 이 모든 것이 원하는 대로 살아지지 않는다는 것, 자기 존재에 대한 불만족에서 기인한다. 그러나 현실이 원망스럽고 괴롭더라도 그 실체를 바로 보고 마음을 비우는 습관을 길러야 한다. 보다 행복한 삶을 누리기 위해서는 애착을 놓아버리고, 나 아니면 안 된다는 이기심에 더 이상 속아 넘어가지 말아야 한다.

부처님 말씀 중에 육바라밀(六波羅蜜)이라는 여섯 가지 아름다운 행이 있다. 이것은 열반의 피안에 이르기 위한 보살의 여섯 가지 수행을 말하는 것으로, 보시(布施)·지계(持戒)·인욕(忍辱)·정진(精進)·선정(禪定)·지혜(智慧)를 가리킨다.

보시는 흔히들 물질을 베푸는 것이라고 오해하는데, 실은 애착하지 않는 마음을 말한다. 내가 갖고 있는 것을 나누어 주는 삶도 훌륭하다. 하지만 애초부터 모든 것이 내 것이 아니라는 바른 앎이 더 중요하다. 설령 갖고 있는 것이 없더라도 그 사실에 집착하지 않고 욕심을 부리지 말아야 한다. 식재료를 보시한 이와 보시물, 음식을 만드는 이와 그 음식을 먹는 이, 음식물 등에 전부 청정하고 정성이 담겨 있을 때는 감사하는 마음이 저절로 우러날 것이다.

지계는 종교적인 의미로 바른 길을 찾아가는 행위로서, 마음이 맑아 악의가 없는 것을 말한다. 악의가 없으면 그릇된 행위가 나오지 않는다. 인욕은 참는다기보다는 어떤 괴로움에도 마음이 상처입지 않는 것이다. 남을 위하여 참는 게 아니라 자신이 상처받지 않기 위하여 참는 것이다. 정진이란 끊임없이 노력한다는 뜻으로, 모든 모양 있는 상에서 벗어나 게으르지 않음을 말한다. 선정은 도를 닦는 문으로, 일상에서 희로애락에 동요됨 없이 꾸준함을 말한다. 지혜는 심리상태를 꿰뚫어 보아서 있는 그대로 아는 것이다. 이 여섯 가지 아름다운 행은 한마디로 집착 없는 마음을 의미한다. 무념(無念)으로 사물을 대하면 어떤 경계에도 자기 마음을 빼앗기지 않고 마음자리를 챙기게 된다. 이같이 진정한 웰빙의 내용이 불법(佛法) 안에 고스란히 담겨 있다.

생사의 옷을 입은 몸에게 그것을 움직이는 마음이 작용한다. 그리고 마음에는 선악의 뿌리가 깊이 박혀 있다. 선악에 가려진 마음을 자꾸 들여다보아 바로 보게 될 때, 구름에 가려 있던 해를 만나듯 우리의 실상인 불성도 만날 수 있다.

일체유심조(一切唯心造). 『팔만대장경』을 한 글자로 표현한다면 마음 '심(心)' 자라고 할 수 있다. 그 신출귀몰한 마음을 설명하기 위해 부처님께서는 그렇게 많은 말씀을 하셨다. 마음으로 만들어진 우주 속에서 그 마음 따라 움직이는 이들은 먹지 않고는 살아갈 수 없다. 우리는 태어나면서 이러한 현실을 본능적으로 알아채고 온갖 애를 쓴다. 그러면서 마음을 챙기지 못하고 지나치게 먹거나, 지나치게 먹지 않아서 몸을 망치기도 한다.

동물성 음식을 좋아하면 성질이 급해져서 성을 잘 내게 된다고 알려져 있다. 화가 나서 신경이 날카로울 때는 단맛의 음식을 먹어서 중화시켜야 한다. 그러나 단맛이 지나치면 변덕스러워진다. 근심과 걱정으로 우울하면 매운 맛으로 우울증을 날려버린다. 그러나 매운 맛이 과하면 기를 상승시켜 성을 잘 내게 하고, 성질을 급하게 만든다. 쓴맛은 들뜬 기분을 차분하게 가라앉히나, 과식하면 의식이 흐려진다. 쓴 음식을 먹을 때 마음을 챙기면 쓴맛 자체만 느끼게 되어서 그 맛을 싫어하는 마음이 사라진다. 지나치게 거만하여 두려움이 없을 때 짜게 먹으면, 배추가 소금에 절여지듯 부드럽고 겸손해진다. 그러나 짠 음식을 과식하면 갈증이 나서 의지가 약해진다. 피곤하고 지칠 때 신맛 나는 음식을 먹으면 생기와 의욕을 불러일으키나, 신맛은 수렴하는 작용이 있어서 과식하면 욕심이 강해져 어리석어진다.

  먹는 것만큼은 믿고 먹을 수 있는 세상이 되어야 하는데, 만물의 오염도가 우리를 긴장시키고 있다. 오염된 환경에서 자란 동식물이 우리 몸의 좋은 영양분이 될 리 없다. 식물의 환경도 동물의 환경도 제대로 보호하여 청정한 땅을 만들어야 한다. 자동차의 배기가스도 줄이고 농약의 유해성분도 최대한 줄여서 인체에 해롭지 않은 물질들을 만드는 데에 관심을 가져야 한다. 동물을 사육하기 위하여 천연 사료를 만들고, 유기농 채소를 재배하기 위하여 농약 없이도 농사지을 수 있는 환경을 만들어야 함은 당연하다. 동물성 음식은 산성이기 때문에 실제로 인체가 소화하기 버겁다. 동물성 단백질에 다량 함유된 요산이 인체에 쌓이면 각종 질병을 유발한다. 그래서 음식을 먹을 땐 신진대사를 원활하게 도와주는 것을 골라 먹어야 한다. 영양물질을 세포가 소화시키지 못하면 변형된 단백질이 몸을 병들게 하기 때문이다.

요사이 넘쳐나는 어육(魚肉)이 맑고 깨끗하다면 다행한 일이나, 현대사회는 사육문화다. 축산업자는 돈을 벌기 위하여 대량으로 짐승을 기르고, 양식업자는 양식을 통해 한꺼번에 거액을 벌어들이려 한다. 사회 구조상 높은 인구밀도는 물질의 대량생산을 요구한다. 그래서 생산자들은 항생제와 촉진제를 기준치를 어기면서까지 빈번히 사용하고 있다. 신성하게 키워져야 할 차나무마저 차밭에서 촉진제로 키워지는 경우도 있다.

또한 갖은 산해진미와 더불어 무절제한 식습관이 질병을 키우고 있다. 평소에 골고루 잘 먹고 있는데 왜 숱한 질병에 시달리는지, 왜 죽음의 병이 더 깊어지는지 사람들은 의문을 갖는다. 질병의 실체는 여러 가지를 통로로 삼으며 그중에서도 그릇된 식문화가 큰 비중을 차지하고 있다는 것을 알지 못하는 것이다.

음식점에서 손님의 입맛에 맞추느라 사용하는 조미료와 화학첨가제로 인해 우리의 위장은 찌들고 있다. 사람들은 그것을 먹을 때에는 알아채지 못하다가 세포들이 견디기 어려운 상태가 도래하고서야 잘못된 식습관을 뉘우친다. 그러나 그때는 이미 늦는다. 자연의 이치에 순응하면서도 다양한 맛을 지닌 음식을 골고루 섭취하여 일정한 맛에만 길들여지지 않도록 해야 한다. 내가 손수 만들어 먹고 남에게도 나누어 베푸는 곳에 웰빙이 있다. 자연의 뜰에서 만들어진 건강한 밥상을 공덕의 마음으로 서로 나누는 것, 그것에서 웰빙이 시작된다.

　힘듦의 다소를 헤아리고 저것이 어디서 왔는지를 생각해보라. 이 음식은 갈고 심고 거두고 찧고 까불고 지진 후에 공이 많이 든 것이다. 하물며 산짐승을 잡고 베어내어 맛있게 하려니, 한 사람이 먹는 것은 열 사람이 애쓴 바이다.

—『규합총서』

　건강하다 할지라도 그것을 올바른 일을 위해 쓰지 않는다면, 대관절 무슨 가치가 있겠는가? 건강은 그것을 올바르게 이용하지 않는 사람에게는 오래 머물러 있지 않는 법이다.

—칼 힐티

　때에 맞는 음식을 먹어라.
　제철의 음식을 먹어라.
　골고루 섭생하라.
　과식은 금하고 육식은 절제하라.

—『사분율』

음식으로 오는 질병, 음식으로 낫는 질병

질병을 들여다보면 사실 그 주체가 없다. 때가 무르익어 나타나는 것이기 때문이다. 존재의 주체가 없는데, 질병 역시 주체가 있을 리 없다. 우리는 끊임없이 사는 이야기만 늘어놓고, 병들어서 늙어 죽는 이야기는 꺼린다. 누구도 노(老)·병(病)·사(死)는 생각하기조차 두려워한다.

불교에서 모든 존재는 무아(無我)이다. 생명 있는 모든 것이 궁극에는 무아이므로 우리의 삶도 결국 살아 있다고 말할 수 없고, 죽었다고 슬퍼하는 죽음도 결국 죽었다고 말할 수 없다. 그저 살아 있는 듯하고 죽은 듯한 것이다. 손에는 양면이 있다. 손등과 손바닥, 그 뗄 수 없는 관계. 손등과 손바닥은 엄연히 개별적이면서도 하나이다. 우리의 생사(生死)가 이 손과 같다. 생(生)이 손바닥이라면 사(死)는 손등이다. 생사가 완전히 다른 모습이 아니라, 똑같은 상황하에 해가 떠서 밝은 대낮은 생의 세계이고 해가 져서 어두운 밤은 죽음의 세계이다.

우리는 마음을 환히 밝혀서 몸이 죽어서도 자기를 이끌 수 있어야 한다. 부처님의 유언처럼 마음의 등불을 스스로 밝힐 줄 알아야 하고 법의 등불에 의지해서 생사의 갈림길에서 헤매지 않아야 진정한 자유인이다. 그러므로 죽어서 저승사자에게 끌려가듯이, 자기 의도대로 한 발짝도 움직이지 못한 채 업(業)의 흐름에 휘말리는 불쌍한 존재가 되어서는 안 된다.

한 생명체가 죽음을 맞이하면 진공상태에 빠진다. 갑자기 몸을 지탱하던 4대 요소가 움직임을 멈추고 의식으로부터 단절되어, 죽음을 받아들이지 못한 영혼은 아무리 몸을 움직이려 해도 그 자리에서 떠날 줄 모른다. 자기 업의 기운과 같은 파장의 기운이 빛으로 휘몰아 함께 간다. 죽음의 세계에서는 빛과 소리만 존재한다. 소리란 파동을 의미하며, 빛은 영체가 업으로 나타나는 각기 다른 단계의 색깔이다. 눈을 잃었기에 보이는 것도 업에 의해 달리 보인다. 사람도 아닌 축생의 세계가 인간세계와 마찬가지로 보이는 것이다. 아는 사람으로 둔갑한 축생의 세계에 자신도 모르게 뛰어들어간다.

눈 밝은 이가 되려면 모든 의식의 단계를 뛰어넘어야 한다. 그러기 위하여 살아서는 의단독로(疑斷獨路, 화두로써 의심을 놓지 않고 일념으로 삼매에 드는 것)가 되어야 하고, 죽어서는 영식독로(靈識獨路, 죽어서는 영체가 또렷하여 스스로 길을 밝히는 것)가 되어야 한다. 먹고살기에 급급한 나머지 궁극적인 탐구를 소홀히 하는 생활은 살아 있을 때

되돌아봐야 한다. 수많은 사람들이 종교의 허상에 자신의 귀중한 시간을 허비하고 있다. 어느 누구도 자기를 대신할 수 없으며, 대신 살아줄 이도 없다. 구원 역시 자기 향상 없이는 이루어지지 않는다. 죄는 반드시 주인을 찾는데, 선업(善業) 없이 선과(善果)를 바라는 것은 마치 저축하지도 않은 돈을 은행에서 내주길 바라는 마음과 같다. 내면의 주인공을 찾는 게 어쩌면 더 쉬운데, 왜 보이지 않는 몸 밖의 신령스러운 존재를 만나려고 타력에 의지할까?

불교의 경전 중에 『반야심경』이 있다. 어느 행사에서든 빠지지 않고 염송하는 것이 『반야심경』이다. 그중에 '불생불멸 불구부정 부증불감(不生不滅 不垢不淨 不增不減)'이라는 구절이 있다. 우리의 무아는 나지도 죽지도 않으며, 더럽지도 깨끗하지도 않으며, 늘지도 줄어들지도 않는다는 의미인데, 참으로 정신 번쩍 뜨일 말씀이다.

"나는 무엇인가?" "어디에서 왔을까?" "이 마음은 본래 어떤 모습일까?"라는 화두를 들고 수많은 선지자들이 깨달음을 찾아 길을 떠났다. 중도에 돌아온 이들이 부지기수이고 목적을 이루어 니르바나(열반)의 언덕에 도착한 이는 손가락으로 헤아릴 만큼 적다. 지혜는 어디에나 있다. 반성해서 참회하고 비추어 보는 것이 깨달음의 첫걸음이다. 이 작은 깨달음들이 모여 인연이 딱 맞아떨어지면 크게 깨닫게 되는 것이다.

질병도 이런 방법으로 접근한다면 쉽게 벗어날 수 있다. 질병이란 몸의 기능이 서로 의도가 안 맞을 때 벌어지는 반란이다. 다시 되돌리려고 몸부림치다가 보완되지 못하면 세포는 자정능력을 포기해 버린다.

그 어떤 질병도 자신의 장기가 연결된 경락에서 이탈하지 않으므로, 피부로 반응하는 장기의 신호를 잘 살펴야 한다. 오른쪽 뇌를 많이 사용하는 감수성이 민감한 사람은 항상 몸의 왼쪽이 허약하다. 왼쪽 뇌를 많이 사용하는 이들은 오른쪽 기능이 허약하다. 우리 몸은 정확하게 임맥과 독맥(기경팔맥 중의 경맥으로 임맥은 몸의 앞쪽, 독맥은 몸의 뒤쪽 정중앙을 흐른다)으로 나누어지기 때문에, 좌우 신체가 질병이 있을 때 분명하게 드러난다.

어느 날 네 번째 발가락에 통증이 시작되더니 다리 옆이 벌에 쏘인 듯 따가움이 느껴졌다 사라지기를 반복했다. 이상한 기미를 채고 계속 관찰하니 족소양담경에 문제가 있었다. 족소양담경에 문제가 생기니 옆구리도 쑤시고, 귀 뒤 유양돌기 윗부분이 아프고, 담경의 신경이 연결된 곳마다 통증이 느껴졌다. 광명혈이 따갑더니 눈이 침침하고 쉬 피로가 밀려왔다. 자구책으로 괄사를 이용하여 담경의 혈자리를 문지르고 자극을 주었더니 곧 나아졌다.

세상에는 지식이 널려 있다. 책을 통해서, 혹은 타인의 가르침을 통해 이 지식을 체득한다면 일상생활이 훨씬 덜 불안할 것이다. 많은 사람들이 인생에서 가장 중요한 게 건강이라고 입으로는 떠들면서, 몸의 느낌을 끊임없이 관찰하면 그 원인을 알 수 있음에도 건강을 지키는 일에 게으름을 피운다. 아프면 약국이나 병원부터 찾는 불안한 심리가 건강을 더 악화시킬 수도 있다. 옛날에는 식의(食醫)가 있어서 병원에 가기 전에 식이요법을 우선 시도한 다음, 음식으로 차도가 없을 때에야 의원을 찾았다. 자신의 소중한 건강을 타인이 해결해주길 바라는 것은 어리석은 마음이다. 물론 전문가의 식견도 중요하지만, 병의 원인은 자기가 신경만 쓴다면 먼저 알아챌 수 있다.

오래전부터 한방의학에 관심을 가지고 있던 나는, 몸이 아프면 먼저 책을 통해 신체의 비밀을 탐색한다. 의사에게 달려가기 전에 자신의 몸을 관찰하고 탐색하면서, 내 몸과 자연의 이치가 맞아떨어짐을 이해하는 순간, 질병의 해결점이 한눈에 보인다. 만병을 다스리는 것은 의술인보다 마음이 우선이다. 복잡한 현대사회에서 미로처럼 더욱 혼란스러워진 질병의 세계로부터 자신을 스스로 지키는 일이 무엇보다 중요하다.

사찰음식에 대한 배움을 얻고자 금수암을 찾아오는 이들은 대개 환자들이다. 그중에는 암환자들도 상당수 있다. 암은 말하자면 사랑받지 못한 세포들의 반란이라고 할 수 있다. 우리가 먹는 음식 중에는 변형된 단백질이 늘 문제를 일으킨다. 건강하지 못한 장을 가진 이들은 고단백의 동물성 단백질을 소화해내지 못한다. 이렇게 장에 오래 머물러 부패된 음식물이 만들어낸 유독가스가 장벽의 누수를 통해 각 장기로 뚫고 들어가 암세포가 되는 것이다.

스트레스 역시 질병의 주요 원인이라고 할 수 있지만, 몸을 살피지 않은 채 먹는 음식이 더 큰 원인이라고 알려져 있다. 특히 도시에서는 공기의 오염과 오존층의 파괴가 인간의 육신을 괴롭게 하고,

먹는 음식마저 신선하지 않으니 많은 이들이 자신도 모르게 독한 병에 걸려든다.

아토피는 더욱 심각하다. 금수암에서 실행하고 있는 단식 프로그램을 통해 만난 사람들 중에는 생후 3개월의 아이에서부터 환갑이 넘은 노인에 이르기까지 열성 알레르기의 진행으로 인해 아토피에 걸려 있는 사람들이 부지기수다. 그들은 한결같이 가려움과 통증을 호소하는데, 손톱으로 긁어서 2차 감염을 일으키면 피부가 두꺼워지면서 까칠까칠해지고 가려움이 더 심해진다.

많은 아이들이 이곳에서 상태가 호전되는데, 나이가 어릴수록 완치율이 높고 나이가 많은 이들은 아파온 세월만큼 낫는 속도가 느리다. 먼저 환경이 좋은 곳에서 요양하며 음식물을 가려야 한다. 유제품이나 동물성 식품, 가공식품은 먹으면 즉각 피부가 발진을 일으키므로 조심해야 한다. 단식을 통해 열성을 빼낸 이들이 거의 다 쾌유된 상태로 집에 돌아갔다가 새 집이나 분진이 많은 장소에서 피부 발진이 재발되는 경우가 더러 있었다. 그럴 때 다시 이곳에서 한 달 정도 머무르면 상태가 진정되면서 가라앉곤 했다.

아토피의 주범이 공기오염이기 때문이다. 유독한 건축물 자재도 문제이고 첨가물이 들어간 가공식품도 즉각적인 반응을 보인다. 분유를 먹고서 아토피에 노출되는 아이들 중에서도 체질이 열성인 아이들만 반응한다. 그러므로 부모가 체질을 개선한 상태에서 아이를 분만하면 소아아토피는 없을 것이다.

지수화풍 사대육신으로 이루어진 우리 몸은 일종의 소우주로서,

저 크나큰 우주와 성질이 같다. 우주란 무엇인가? 일정한 규칙과 흐름으로 운행되는 에너지 장(場)이다. 우리 몸의 에너지는 음식물과 자연에서 솟아난 기운이다. 이제는 식재료에 눈을 돌려 살펴보아야 한다. 아무리 조리법이 훌륭해도 만드는 재료에 문제가 있다면 반드시 개선되어야 한다. 음식은 우리의 생명을 유지하기 위한 위대한 수단이기 때문이다.

다음은 아토피를 비롯하여 현대인들에게 많이 나타나는 심각한 질병들에 대한 이야기이다.

아토피

부산에 사는 스물두 살의 한 남학생이 피부가 태선화(피부가 두꺼워지고 주름이 뚜렷해지는 현상)되어 고생하다가 금수암을 찾아왔다. 온몸이 코끼리 몸처럼 푸르뎅뎅했다. 피부에 온통 골이 져 있고 딱딱하여 그를 보는 순간 누구나 가슴이 아플 수밖에 없었다. 그러나 가족들은 절망하지 않았다. 본인도 일시적인 증상이라고 생각하며 스스로를 단련시킨 아주 밝은 성품의 사람이었다. 그는 금수암에서 열흘 동안 단식 프로그램을 실천하고 사찰음식으로 차린 밥상을 한 달 동안 먹었다. 그리고 산야초로 만든 약물을 몸에 발랐다. 결국 그는 40일 만에 80퍼센트가 치료되었다.

여덟 살 먹은 한 여자아이는 온몸의 접혀지는 부분이 태선화되어 무척 힘들어했다. 항생제 과다 투입으로 나타난 증상이었다. 몸 안에 축적된 독성들을 다 터지게 하는 약초 약물을 먹여 몸을 중화시켰더니 진물 나는 증세가 치료되었고 곧이어 완치되었다. 나이가 어릴수록 빨리 낫는다는 것을 보여준 실례였다.

아토피는 화상과 같다. 짧은 시간 안에 흉터까지 낫지 않는다. 끊임없이 새살이 돋는다. 아토피는 끊임없는 관심을 기울여야 한다. 조금 개선되었다고 안심하면 안 된다. 일 년 가까이 절에 있으면서 완치되었던 아이가 서울에 가서 교통사고로 병원에 입원하여 항생제를 투여받고 퇴원하여 항생제를 끊고 나니 발진처럼 뾰루지가 생기고 다시 아토피가 된 적도 있다.

체질 개선이 가장 중요하다. 열성 체질을 중성으로 바꾸기 위해 열의 창고를 다스려야 한다. 단전의 기운을 모아서 위는 차갑게, 아래는 따뜻하게 해야 한다.

암

중년의 한 여성이 있었는데 밥을 직접 해먹지 않고 늘 사먹거나 남편이 해주는 밥을 먹고 지냈다. 매 끼니를 거의 외식으로 이어갔던 그녀는 유방암 3기가 되어서야 자신이 암에 걸렸다는 사실을 알았다. 그녀는 자신의 몸을 위해 아무 노력도 하지 않았다는 사실을 돌아보게 되었다. 운동도 안 하고 건강한 음식에 대한 생각도 안 한 채 매너리즘에 빠져 편리한 것에만 익숙하게 살았던 것이다. 그러다가 살이 찌고, 52세에 암에 걸린 것이다. 사고전환 없인 아무것도 이루어지지 않는다. 아무리 돈이 많고 자신을 돌봐주는 사람이 옆에 있어도 스스로 자신에게 하는 것보다 잘해줄 사람은 없다. 자신이 스스로 돌보지 않는 사람은 무기 없이 전쟁터에 나가는 것과 같다. 삶은 치열한 것이다. 그녀는 금수암에서 식이요법을 하며 지내다가 결국 너무 외롭다며 서울로 돌아가 병원에 입원했다. 지금은 저세상으로 가버리고 말았다. 의식주만은 타인의 도움을 안 받아도 스스로 해결할 수 있도록 해야 한다. 최악의 상황이 오지 않도록 자립심을 길러야 한다. 치매나 풍도 마찬가지다.

고혈압

우리의 음식문화는 짜게 먹는 것이 가장 큰 문제다. 나트륨 섭취량을 줄여야 한다. 자신의 문제점을 알아차리고 그것으로부터 벗어나기 위해 애써야 한다. 가장 중요한 것은 마음의 여유다. 스트레스받는 일이 많고, 인간관계의 어려움으로 힘들어하고, 남들처럼 따라 살지 않으면 퇴보할 것이라는 생각이 현대인들의 병의 중심에 있다. 솔잎은 혈압강하제의 역할을 한다. 솔잎을 갈아 요구르트에 넣어 한 달 동안 먹으면 혈압이 정상화된다. 단방약으로 쓸 수 있는 것이 솔잎이다.

심근경색

최근에 허열성 심장질환으로 가장 중요한 병인(病因)이 스트레스다. 지나치게 열량이 많은 음식을 먹는 게 문제다. 지방이나 단백질이 많은 음식을 먹으면 혈관이 좁아져 혈관 벽이 막혀버린다. 혈관이 막혀 10초간 경련이 있으면 협심증이고, 40초 이상 경련이 오면 심근경색으로, 혈관을 뚫어야 살 수 있다. 마비가 오는 것이다. 혈관이 깨끗해야 한다. 정화음식을 먹어야 한다. 혈관이 막히면 종양이 생기기도 한다. 몸의 어느 한 부분에 나쁜 물질이 생김으로써 암의 종자가 자라는 것이다. 피를 깨끗이 하는 것이 중요하다. 특히 오징어에 함유된 콜레스테롤이 몸에 좋지 않으므로 조심해야 한다.

당뇨병

당뇨병 환자가 요새 스무 배가 늘었다고 한다. 유전적인 요소도 있지만 급격하게 변화된 사회에서 음식이 많이 달아졌기 때문이기도 하고, 고추장을 많이 먹기 때문이기도 하다. 1960년대에 과자류가 급격하게 많아지면서 무분별하게 과자를 먹던 세대가 지금 사오십대에 접어들면서 당뇨병에 걸리고 있다. 이 세대가 어렸을 땐 심지어 설탕에 밥을 말아 먹기도 했다. 당뇨병은 후천적으로 본인이 달게 먹은 것이 이유가 된다. 당뇨에 걸려 실망할 게 아니라 꾸준히 식이요법을 해야 한다. '이건 괜찮겠지' 라는 생각이 당뇨 치료에 실패하는 이유다. 당뇨가 지속되면 합병증까지 끌고 오게 된다. 모든 병의 근원은 결단심 없음이다. 다른 음식과 타협하고, 먹지 말아야 할 것에 마음을 뺏기기 때문이다. 병을 일단 인식하면 긴장한 상태에서 식습관에 꾸준히 신경써야 하는데 이것은 물론 쉬운 일이 아니다. 그러나 비가 샜을 때 구멍을 바로 막지 않으면 나중엔 무엇으로도 막을 수 없다. 지붕을 안 고치면 서까래가 썩는 것처럼 그렇게 우리 몸은 병들어가게 마련이다.

스트레스

현대인의 일상에서 무엇보다 필요한 것은 시간의 여유를 내는 일이다. 일하는 시간과 개인의 시간을 구분해야 한다. 경제적인 욕구가 충분히 채워지지 않았다 해도 몸과 마음을 적당히 쉬게 해줘야 한다. 누워서도 생각이 돌아가면 휴식이 아니다. 생각의 속도가 빨라질 때 스트레스가 되는 것이다. 무념무상이 필요하다. 일할 땐 일해야 하고 쉴 땐 편안하고 즐겁게 그 시간을 즐겨야 한다. 진아(眞我)와 만날 시간을 가져야 한다. 자기를 성찰할 수 있는 고요한 마음의 시간이 필요하며 마음의 빈 공간을 가져야 한다. 에너지를 다 쓰려 하지 말아야 한다. 내가 지쳐 있으면 바로 인간관계의 스트레스로 연결된다.

하루 업무가 끝나고 차를 마시면서 긴장을 완화하는 시간에는 다른 생각은 하지 말아야 한다. 차의 성품을 관하고 잡담 없이 묵묵히 마셔야 한다. 마음을 들여다보아야 한다. 설령 스트레스가 와도 대처법이 있다면 괜찮다. 타인의 의지로 오는 스트레스에 대해서는 그냥 방관자처럼 대응하는 게 낫다. 오는 즉시 버려야 한다. 되받아쳐서 어려운 관계로 확장시키지 말고, 인내하고 넘길 줄 알아야 한다. 참지 못하는 것 때문에 사람들은 너무 많은 고통을 겪고 있다.

생명에 대한 배려심이 있어야 한다. 내가 마음을 크게 먹으면 모든 것을 흡수할 수 있다. 그러나 마음을 좁게 먹으면 마음이 송곳이 되어 상대를 찌르게 된다. 내가 참고 기다려주면 된다. 주고받는 언쟁 속에서 상처가 생긴다. 행복은 기다리는 마음이다. 묵묵히 자기 일에 열중하는 것, 열심히 하는 것이다. 그러면 나를 둘러싸고 있는 나쁜 것들이 나의 향기에 의해 정화된다. 불안과 긴장에 습관처럼 매달려 있다가 상황이 악화되면 화를 분출하는 게 우리의 문제다. 화와 인내는 동전의 양면이다. 인내는 상황을 지나가게 한다. 화를 참되 걱정을 속에 쌓아두지 말고 즉시 버려야 한다. 근본 바닥을 보라. 그러면 나중에 상황이 내가 원하는 대로 오게 된다.

성의가 들어간 음식, 몸에 좋은 음식이 앞에 있는데 먹고 싶지 않을 때에는 그 음식이 만들어진 과정을 하나하나 짚어보며 배려의 마음을 되새겨보라. 그러고 나면 그 음식을 만나게 된다. 음식이 갖고 있는 성품을 살펴 정말 좋아하는 마음으로 먹게 되면 거부감이 사라진다. 몸에 좋은 음식은 입에 쓰다는 말도 있지만 좋아하는 음식만 쳐다보는 것은 나쁜 습관이다. 자제력을 키우고, 내 몸에 맞는 음식을 찾아 그것과 맞추기 위해 최선을 다해야 한다. 그 음식을 끊임없이 마음으로 받아들이면서 만나다 보면 어느새 자신의 기호식품이 된다. 어린아이의 편식도 방관하면 안 된다. 아이가 나물을 먹지 않는다고 고기만 주는 것은 옳지 않다. 어려서부터 음식에 대한 지혜를 키워줘야 한다. 잘못된 사랑이 아이의 건강을 해칠 수도 있다.

스트레스가 있을 땐 자기가 좋아하는 음식을 만나면 대개 풀린다. 그러나 폭식은 또한 스트레스와 직결된다. 스트레스가 풀리는 양이 되었을 때 숟가락을 놓아야 한다. 배가 충분히 찼는데도 음식을 계속 먹게 되면 스트레스 역시 계속 끌고 가게 된다. 좋아하는 곳에서 좋아하는 음식을 먹으며 스트레스를 날려버려야 한다. 개운하게 음식을 먹으면 마음도 개운해질 것이다.

음식만으로 환자를 고칠 수 있다면 약은 약통 안에 그냥 두십시오. 음식으로 못 고치는 병은 약으로도 고치지 못합니다.

―히포크라테스

예전에는 탐욕과 굶주림과 늙음의 세 가지 병밖에는 없었습니다. 그런데 많은 가축들을 살해한 까닭에 아흔여덟 가지나 되는 병이 생긴 것입니다.

―『숫타니파타』

다섯 가지 곡식과 다섯 가지 나물이 사람을 기르니, 생선과 고기로는 늙은 어버이를 받들라. 얼굴이 몹시 마른 사람은 기갈(饑渴)의 병이 든 것이다. 사백사병(四百四病)은 각벽(各癖)이 된 까닭이니 그런고로 음식으로 의약(醫藥)을 삼아 나날이 좀 부족한 듯이 먹어야 한다. 그러므로 족한 줄 아는 자는 수저를 들면 늘 약을 먹는 것같이 생각하라.

―『규합총서』

자연으로 차리는 소박한 밥상

　우리의 식생활은 경제발전에 힘입어 수십 년 전에 비해서 많이 바뀌었다. 사람들이 끼니를 밖에서 해결하는 경우가 상당히 늘어났다. 돈만 있으면 뭐든 입맛에 맞게 골라 먹을 수 있는 형편이니 아이들도 집에서 먹는 것보다 밖에서 먹기를 좋아한다. 이렇게 외식문화가 깊숙이 자리잡는 동안 각종 가공식품과 인스턴트 식품은 청소년들의 체질까지 완전히 변화시켰다. 예전보다 키가 커지고 체중도 늘어났지만, 신체는 더 허약해졌다. 어느 정도 시간이 흐르고서야 인스턴트 식품의 부작용이 매스컴을 통해 하나 둘 드러나고 있는 형편이다.
　가장 근본적인 문제는 오염된 환경에서 동식물들이 자라고 있다는 사실이다. 바다의 오염으로 대단위 어패류 양식이 문제를 일으키고 있다. 또한 각종 항생제가 가축 사육에 남용되고 있으며, 가공식품이 대중화되고 있다. 사육되는 가축이 먹은 사료는 우리 몸에 그대로 축적되어서, 항생제에 대한 내성이 강해져 어린아이들은 감기를 달고 산다. 그 감기가 두려워서 우리는 예방주사를 맞는다.

아무리 유기농 재료를 찾는다고 분주하게 움직여도 지금의 식문화 전체가 바뀌지 않는다면 방법은 없어 보인다. 우리도 모르게 식품에 사용되고 있는 갖은 식품첨가제의 종류를 알면 지금 우리가 먹는 식품들이 우리의 건강을 얼마나 위험한 수준으로 위협하는지 알 수 있다. 이런 의미에서 식품첨가제는 '음식에 숨어 있는 복병'이라고 할 수 있다.

세속의 수많은 음식들에 함유된 보존제, 산화제, 응고제, 황화합물질 등의 식품첨가제는 기준치라는 수치에 가려진 채 우리의 건강을 남몰래 오염시키고 있다. 가공식품을 살 때 첨가제가 들어 있지 않은 상품은 사실 찾아보기 어렵다.

아이들이 입에 달고 사는 과자류와 빙과류, 제빵류, 심지어 음료수까지 한 식품에 들어간 첨가제는 대개 그 식품에 맞는 기준치를 어기지 않고 있지만, 여러 가지를 함께 먹을 때 합산될 첨가제 양은 그 수치를 논하기 어렵다. 달콤한 사탕 속에 아이들의 뼈를 상하게 하는 첨가제가 들어 있다. 생크림 속에 우리의 비만이 자라고 있다. 아이들이 잘 먹는 과자가 그들의 성장을 가로막고 있다. 기준치가 문제인 것이다. 부모들은 아이들이 매일 어떤 것을 먹는지 체크하고 관찰해야 한다. 그러다 보면 질병의 원인을 찾을 수 있다. 이제 우리는 첨가제에 대해 꼼꼼히 따져보아야 한다.

슈퍼마켓에 가서 첨가제 없는 가공식품을 찾아보자. 물 이외에는 없다. 첨가제의 유해성은 이루 말할 수 없을 정도이다. 인체에 오랜 시간 동안 축적되어 뒷날 질병의 원인이 되는 물질을, 우리가 일상적으로 먹는 음식에 집어넣는 일은 결코 간과할 수 없다. 그럼에도 아무도 신경쓰지 않았던 이 문제가 몇 년 전부터 거론되기 시작했다.

우리가 먹는 음식 안에는 어떤 첨가제들이 들어 있을까?

살균제는 음료수, 식기, 손 등의 소독에 사용되어 미생물을 짧은 시간 안에 박멸하는 기능을 지니고 있다. 착색제는 인공적으로 색을 입혀 천연색을 보완함으로써 식품의 기호적 가치를 향상시킨다. 발색제는 식품 중에 존재하는 색소와 결합해서 색깔을 안정시키거나 선명하게 만든다. 표백제는 색소를 파괴하여 흰 식품을 만들거나, 나중에 색소 착색이 선명하게 되도록 하는 성분이다. 조미료(MSG)는 식품 본래의 맛을 한층 돋우거나 기호에 맞게 조절하여 미각을 좋게 한다. 산미제는 식품에 적합한 산미를 부여하여 청량감을 준다. 감미제는 식품에 단맛을 부여한다. 착향료는 식품의 기호적 가치를 증진하는 방향물질이다. 강화제는 식품의 영양을 강화하는 성분이다. 개량제는 밀가루 표백과 숙성시간을 단축하고 제빵 효과의 저해물질을 파괴함으로써 가공을 개량한다. 유화제는 물과 기름같이 잘 섞이지 않는 두 종류의 액체를 혼합할 때 분리를 막고 잘 섞이도록 도와준다. 호료는 식품의 점착성을 증가시키고 유화 안정성을 좋게 한다. 품질개량제는 주로 식육 제품에 사용하여 품질을 향상시켜 씹을 때 촉감을 좋게 한다. 피막제는 과일 및 야채류의 신선도를 장기간 유지하기 위해 표면에 피막을 만들어 호흡 제한 및 수분 증발을 방지한다. 껌 기초제는 껌에 적당한 점성과 탄력성을 갖게 하고 풍미를 유지시킨다. 팽창제는 빵을 만들 때 밀가루를 부풀려 조직을 향상시키고 적당한 형체를 갖추게 한다. 소포제는 식품의 제조공정 중에 발생하는 거품을 제거한다. 추출제는 식품의 특정 성분을 용해·추출하기 위해 사용한다. 이형제는 빵의 제조·가공 과정에서 구울 때 용기에 달라붙지 않게 한다. 그리고 식품점의 진열장에서 식품이 상하지 않고 싱싱해 보이게 하는, E로 시작하는 황화합물 기호 E221부터 E227까지의 보존제가 변질 방지에 쓰인다. 이 밖에도 유전자변형식품과 오염된 육류·유가공품, 밀가루에 함유된 방부제와 농약, 그리고 빵 효모에 대한 유전적 프로그래밍이 부족한 우리나라에서 새롭게 발견되는 효모증후군 등 우리도 모르게 식문화를 멍들게 하는 것들이 주변에 널려 있다.

  이렇게 각종 첨가제로 만들어지는 음식이 넘쳐나면서 먹을거리가 풍부해져 배고픔은 사라졌지만 도리어 먹는 음식을 통해 육신이 병들게 되는 아이러니한 현상이 일어나게 됐다. 사실 옛날식 밥상대로라면 비만이나 스트레스, 고지혈증, 아토피, 과민성 대장증후군과 같은 질병이 우리를 위협하는 일은 없었을 것이다. 우리의 식생활이 왜곡된 채 진행되면서 이제는 조미료가 없으면 음식 맛을 낼 수 없다고 하는 사람들이 의외로 많다. 바야흐로 우리의 혀를 단속할 때다. 미각 때문에 집어넣은 첨가제들이 우리의 장에서 박테리아가 살 수 있는 환경을 제공하고, 이 박테리아들이 장을 헤집고 다니며 건강을 해치고 있다.

　길들여진 식습관을 내려놓고, 자연으로 차리는 소박한 밥상과 함께 '먹는 것'을 바로 알고 먹을 필요가 있다. 산천 어느 곳에나 자라는 산야초와 뿌리음식들을 유심히 눈여겨보고 식탁에서 만나자. 식탁 위에서, 음식을 통해 명상의 시간을 가져보자.

　식탁 위에 올라오는 나물들에 대해서도 다시 한 번 생각해보자. 밥상에 오르는 조리한 식물들을 우리는 보통 나물이라고 한다. 곡물을 먹는 음식문화에서 곡물의 소화를 돕는 나물 반찬은 밥상에 필수적이다. 식물은 나물로 변신해서 우리 식탁에 올라와서는 자신의 에너지를 나누어준다. 고유의 향을 지닌 식물은 육미(六味)를 고루 갖추고 있으며 그 맛과 어울린 향 또한 식욕을 돋운다.

　산길을 걷다가 눈길이 가는 곳에서 작은 들꽃들을 만날 수 있다. 가시가 난 작은 덩굴 중에서도 질병을 치료하는 약초들이 있다. 모든 것에 약이 되는 이 풀들을 가지고 음식으로 만들면 훌륭한 식탁이 된다. 밥상에 올라앉은 식물들의 근간을 이루는 에너지가 공기와 물과 어우러진 절집의 밥상은 단조롭고 조촐하다. 그러나 비빔밥 한 그릇을 보아도 우주의 기운이 넘친다. 그 옛날 우리 조상들은 소박한 밥상으로 건강을 지켰다. 밥 한 그릇과 국, 김치, 밑반찬, 나물 반찬. 어쩌다 특별한 날에만 육류를 대하고, 어물전에 다녀오고, 제때에 장을 담그고, 장아찌와 묵나물을 만들어놓고는 사시사철 끼니를 미리 준비했었다. 제철에 나는 음식을 제때에 맞게 먹던 풍습은 사람들에게 즐거운 추억으로 남아 있다. 그리고 초라하다고 걷어버린 이 추억의 밥상이 보약과 같은 밥상인 줄 이제야 사람들은 알게 되었다.

조그마한 땅이라도 있으면 어김없이 씨앗을 날려 보내는 풀은 어쩌면 신의 가장 가까운 측근일지도 모른다. 온난화니 온실가스니 하는 무서운 공기 파괴자를 풀들이 막아내고 서 있으니 말이다. 이름 모르는 들꽃도 저마다 학명(學名)을 지니고 있다. 그 들꽃을 피우는 것은 의연한 풀이다. 그들이 있기에 상쾌하고 신선한 바람이 더욱 고마운 것이다. 식물은 우리에게 정신적, 육체적, 심리적인 건강까지 함께 나누어 준다. 식물은 각기 고유한 유전자를 가지고 있어서 파생되는 에너지 또한 다르다. 열성과 냉성으로 나누어지는 에너지는 우리 몸에 품성대로 작용한다. 특히 재배식물이 아닌 야생식물은 많은 영양분을 우리에게 전해준다.

좋은 환경에서 자란 식물이 식재료가 되었을 때, 먹는 이도 건강한 에너지를 전달받는다. 그러나 더럽고 불결한 환경에서 자란 식물이 식재료가 되어 우리의 식탁에 올라왔을 때는 건강하지 못한 에너지가 전달된다. 에너지는 한번 전달되었다고 사라지는 것이 아니다. 우리 몸을 통과하여 배설의 단계에서 자연으로 돌아가 그 기운을 잃지 않고 있다가 다시 윤회한다. 그러므로 식물이 병충해에 노출되지 않고 잘 자랄 수 있도록 좋은 퇴비를 쓰고, 목초액으로 병충해를 초기에 잡아주어야 한다.

산야초가 지천인 나라, 산이 유난히 많은 나라에서 산야초는 체계적으로 재배되어야 한다. 많은 이들이 손쉽게 구할 수 있도록 관심을 갖고 키우면서, 도시에서도 농촌에서도 서로 상생을 위해 배려해야 한다. 광합성작용을 하면서 에너지를 키우는 식물과 곡물만 가지고도 훌륭한 밥상을 차릴 수 있는데, 우리의 욕구는 너무 멀리 가 있다. 초식동물의 장 구조를 가지고 있으면서도 탐욕스럽게 육식동물의 흉내를 내고 있다.

히말라야에 사는 이들이 소식(小食)하며 사는 모습을 보면서 행복의 의미를 되새겨보라. 인도와 동남아시아의 소박한 소시민들도 소식을 하고 있다. 그들은 자신의 노동량에 맞추어 먹는 게 가장 현명한 방법이라는 것을 이해하고 있다.

정화음식은 우리가 먹는 음식을 조절하는 음식이다. 비만, 당뇨, 고혈압은 우리의 무거운 음식, 육류 때문에 생기는 질병이다. 콜레스테롤이 증가하다 보면 문제가 된다. 좋은 콜레스테롤은 담즙을 생성해 소화를 돕지만 나쁜 콜레스테롤은 혈관에 들어가 혈전이 생기게 함으로써 혈액순환을 방해한다. 더군다나 스트레스를 많이 받는 사람은 심근경색이 생길 수도 있다.

정화음식 가운데 하나인 녹차는 지방을 강력하게 세척하고 분해하는 기능을 가진다. 내가 아는 오십대 후반의 한 여성은 일주일에 닭 두 마리를 먹을 만큼 고기를 좋아한다. 그런데도 그녀는 콜레스테롤 수치가 항상 정상이었다. 그녀는 자신의 삶을 되돌아보면서, 어렸을 때부터 종일 차를 마셨다는 것을 기억해냈다. 즉 정화음식을 잘 섭취했기에 문제가 없었던 것이다. 음식의 보완작용을 늘 생각하면서 만들어 먹으면 음식의 나쁜 성분이 희석되기 때문에, 가려 먹어 생기는 질병을 극복할 수 있다.

우리가 마시는 녹차는 여섯 번을 우려도 녹차 안의 좋은 성분의 30퍼센트만 사용된다. 말하자면 나머지 70퍼센트는 대개 버려지는 것이다. 버려져왔던 나머지를 이용하여 녹차음식을 만듦으로써 이 70퍼센트를 활용할 필요가 있다.

녹차의 생잎을 갈아 수제비 반죽에 넣어 먹으면 녹차수제비가 된다. 녹차 분말가루를 넣기도 하는데, 생잎을 갈아 넣는 게 더 신선하고 차의 향도 살아 있게 된다. 녹차 생잎을 갈아 넣으면 녹차의 푸른빛이 사라지거나 연해지는 경향이 있기 때문에 믹서에 물을 적게 넣고 갈아야 빛깔이 유지된다. 또 차 찌꺼기에 참기름, 간장, 깨를 넣고 무치면 녹차나물을 해먹을 수 있다. 튀김을 먹을 때 반죽에 녹차 생잎을 갈아 넣어도 좋다.

녹차누룽지탕이란 것도 있다. 표고, 다시마, 집간장으로 국물을 낸 후 채소를 넣고 미나리, 취나물 등을 넣고 끓이다가 말린 누룽지를 넣고 나중에 전분이나 설탕, 참기름으로 간을 하고 녹차 생잎가루를 마지막에 넣으면 된다. 녹차장아찌도 만들 수 있다. 차 찌꺼기를 살짝 말려 물기가 없을 정도로 건조한 뒤 고추장에 버무려 단지에 꾹꾹 눌러 담고는 나중에 양념해 먹으면 된다.

산야초도 정화음식의 일종이다. 산야초는 야생으로 자라서 인위적이지 않기 때문에 자기 본성이 뛰어나고 에너지도 강력하다. 재배 채소와 확실히 다르게, 산야초를 먹으면 얼굴빛이 좋아지고 생기가 돈다. 산야초의 향기를 코로 맡는 것만도 기분 좋은 일인데 이것이 우리 몸 안으로 들어가면 오장육부의 기운을 붇돋아 항산화 효과를 높여주니 우리 몸이 얼마나 좋아하겠는가. 오감을 통해서 내 혈액으로 그 향기가 골고루 흘러들게 될 것이다.

자전거를 직접 타보지 않은 사람이 자전거 타는 방법과 탔을 때의 기분을 남의 말만 들어서 제대로 알 수 없듯이, 우리 마음자리도 그렇다. 내가 반복적으로 경험하여 습관화한 것은 잘 개선된다. 이것은 불교에서의 깨달음과도 연결된다. 음식도 애정을 갖고 만들어 먹기를 시도하면 잘 된다. 처음엔 라면만 끓이던 사람도 나중엔 산야초 음식까지 만들 수 있게 된다.

외식을 통해서 미각을 만족시키려는 현대인의 태도는 문제가 있다. 어디서 생산된 고기인지도 모르고 먹는 사람들이 태반이다. 우리나라의 동물과 어류에 대해 전염병 검사 이외에 무엇을 하고 있는지 알아볼 필요가 있다. 인간이 가지고 있는 각종 암과 질병이 동물에게 없겠는가? 내 몸에서 병을 기르고 있다는 것을 깨달아야 한다. 그것을 살피기만 해도 벗어날 수 있다. 스트레스, 환경오염, 잘못된 식문화, 음식의 복병인 첨가제, 이 모두가 현대인의 건강에 걸림돌이 된다는 것을 분명히 의식해야 한다.

음식만 가지고 정화를 이루진 못한다. 자루처럼 가만히 앉아만 있으면 안 된다. 산소가 우리 몸으로 들어올 기회를 주기 위해 운동을 해야 한다. 사무적이고 일상적인 몸의 움직임은 운동이 될 수 없다. 운동의 가장 큰 의미는 신선한 공기 주입이다. 산소를 들이마시기 위해 내 몸을 활성화하는 것이 진정한 운동이다. 물도 흐르는 물만

이 정화되는 법이다. 혈액은 하루에 십만 킬로미터를 달린다. 산소가 부족하면 안 된다. 끊임없이 산소운동을 하는 사람과 안 하는 사람의 차이는 분명하다. 아울러 공기를 깨끗하게 하기 위해 더 많은 일들을 추진해야 한다. 도심지의 오염된 공기는 우리의 건강을 해치는 결정적인 요소이다. 전국 어디에서도 맑은 공기를 마실 수 있어야 한다. 끊임없이 나무를 심고 꽃을 가꾸어야 한다.

인간은 자연스러운 것을, 그대에게 자연스러운 것을 먹어야 한다. 과일, 콩, 야채는 먹을 수 있을 만큼 먹어라. 이런 음식들의 아름다움은 필요 이상으로는 먹을 수 없다는 데 있다. 자연스러운 모든 것은 항상 만족을 준다. 그대를 배부르게 하고 충분히 만족시켜주기 때문이다. 아이스크림을 계속 먹어보라. 그대는 전혀 만족하지 못할 것이다. 실제로 먹으면 먹을수록 더 먹고 싶어질 것이다. 그것은 음식이 아니다. 그대의 마음은 속임수에 빠졌다. 현재 그대는 그대의 몸의 필요성에 따라 먹는 게 아니다. 그대는 단지 입맛 때문에 먹고 있는 것이다. 혀가 지배자가 된 것이다.

―오쇼 라즈니쉬

그릇 위에 놓인 요리의 맛을 아는 사람은, 즉 맛있다, 부드럽다고 평가할 수 있는 식도락가라면 여태까지도 많이 있었습니다. 그렇지만 이제부터 새로운 인류는 그릇 밖에서 일어나는 일을 알아야 합니다. 그 요리를 누가 어디서 어떻게 만들고 있는가, 어떻게 운반되어 왔는가, 음식의 산지는 어떠한 상황인가. 이런 것을 당연한 것처럼 알고 있는 세대를 만들어가는 것이 중요합니다.

―작자 미상

마음 똑바로 알기

　번뇌는 잘못된 식습관에서도 기인한다. 살아 있는 생명을 해치지 않고서 만든 음식의 어디에 번뇌가 숨어 있을까? 약육강식의 먹이 사슬을 이루고 있는 음식 무리가 우리의 성격도 변질시키는 것이다. 육식을 하면 그 음식이 동물의 습성을 답습하게 한다. 포악하고, 사납고, 다툼이 이어져도 부끄러움을 모르게 된다.
　육도윤회(六道輪廻)의 고리에서 인간세상만이 업을 저지르고 있다. 나머지는 과보(果報)의 세계로, 업이 지배하지 않는다. 업은 돌고 돌아서 육류를 먹은 이는 그 동물을 닮아간다. 인간의 탈을 쓴 동물처럼 성질이 변해버린다. 선입견은 자만의 또 다른 모습이다. 선입견과 자만, 오만, 교만이 모두 직립 자세인 사람에게 존재한다. 곧은 척추가 허리를 굽히는 일에 익숙하지 않아서이다. 우리 몸은 마음 따라 진화한다는 사실을 이해해야 한다.

혼침(昏沈)과 게으름과 후회 역시 우리에게서 떼어내야 할 수행의 방해꾼이다. 사고를 흐릿하게 만드는 혼침과 뭐든지 하기 싫어하는 게으름, 그리고 신중함을 잃은 경솔함이 요즈음 우리 모습이다. 이럴수록 더더욱 음식을 가볍게 먹어서는 안 된다. 피와 살이 상하면 온몸이 병든다. 병든 몸은 건강한 마음도 병들게 한다. 질병에 대한 도전보다 더 중요한 것은 마음을 바로 아는 것이다. 우리는 죽어도 죽는 것이 아니어서 모든 유전인자가 그대로 업의 씨앗이 되기 때문이다. 탐욕, 악의, 성냄, 혐오, 어리석음, 부끄러움 없음, 두려움 없음, 들뜸, 사견, 원한, 저주, 격분, 질투, 인색, 속임수, 기만, 고집, 선입견, 자만, 오만, 교만, 혼침, 게으름, 후회, 의심. 이러한 번뇌들이 우리 마음을 병들게 하고 있다. 더불어 몸도 병들고 있다.

상황을 개선하기 위해 실천해야 할 것은 반성이다. 아무리 좋은 음식도 다음과 같은 악행들이 있으면 내 몸에 자양분이 되지 못한다.

탐욕

삼업(三業, 몸·입·뜻으로 짓는 세 가지 업) 중 하나. 인간의 이성적인 노력은 욕심을 수반하며 일어난다. 연기법에 의하면 욕심은 갈망에서 비롯되고, 갈망이 심(心)으로 변하면서 탐심을 끌어들인다. 탐심은 말 그대로 호시탐탐 기회를 노리며 마음밭을 점령한다. 탐심은 내게 주어지지 않은 상황을 마치 당연한 것처럼 합리화시키곤 한다. 주어지지 않은 것을 취하려는 마음, 내 것이 아닌데 갖고 싶은 욕망이 만든 나그네의 봇짐과 같은 것이다. 마음밭에 탐욕이 무성하면 인간의 존엄성은 훼손된다. 생명의 윤리까지도 짓밟히게 되고, 자기 본성을 잃어버려서 고향 떠난 부랑자처럼 무례해진다.

사람은 태어나면서부터 탐욕의 뿌리를 갖고 태어난다. 본래 의욕이라는 것은 아주 건전한 표현방식이다. 그러나 그 의욕이라는 것이 잘못 전환해 마음밭에 잘못 뿌려지면 의심이 되고, 탐이 붙으면 죄가 되기에 경계해야 한다. 탐욕은 지나치면 죄가 되어서 주인을 찾듯 나에게 다시 돌아온다. 탐심은 사회에서 끊임없이 뭉쳐져 인류에게 재앙처럼 다가온다. 전쟁, 천재지변, 모두 인간의 탐욕과 연결된다. 사람들은 비가 많이 오면 많이 온다고 투덜대기만 한다. 내가 뿌린 탐심이 재앙의 기초가 된다는 생각은 하지 않는다.

정화된 마음을 갖고 살면 사회도 온순하고 부드럽고 험악하지 않게 된다. 그렇게 되면 내 물건을 어디에 두고 와도 아무도 집어가지 않는다. 믿고 사는 사회가 되는 것이다. 그러나 호시탐탐 탐욕으로 길들여져 있는 사회이기 때문에 금방 욕구가 생겨나는 것이다. 탐욕이 시작되는 그 마음을 끊어야 한다. 부처님은 안·이·비·설·신·의를 나를 망치는 마음의 도적에 비유했다. 내 마음에 돌출되는 도둑과도 같은 것. 탐욕을 가지면 내 존재를 형성하는 데 있어 모래의 성을 쌓는 것이다. 물론 욕구가 없으면 어떤 상황도 개선되지 않는다. 그러나 상황을 개선하는 것은 의욕이다. 의욕은 공부세계를 발전시킨다. 반면 내가 할 수 있는 것을 뛰어넘어 상대에게 손해를 주고자 하는 것이 탐욕이다. 우리는 세 끼니 외에도 수많은 간식을 먹고 있다. 하루에 적당량만 먹는 이보다 더 먹는 이가 많으니 비만 인구가 느는 것일 것이다. 아름다운 몸을 만들기 위해 굶는 것도 탐욕이다. 그러나 탐욕이라는 동전의 뒷면엔 자제력이 있다. 이 자제력이 탐욕의 브레이크 역할을 한다.

악의

삼업은 자신을 표현하는 교통수단이다. 선한 의도이든 악한 의도이든 마음먹은 게 있어야 행동으로 나타난다. 우리는 남의 마음보다 자기 마음을 들여다보며 산다. 설사 잘 들여다보이지 않는다고 해도 그림자처럼 따라다니는 선입견으로 늘 잘잘못을 스스로 먼저 판단한다. 악의는 나와 타인의 관계에서 일어난다. 많은 사람들이 자신의 이득이나 남의 허물을 보았을 때 흥분하여 더 힘을 일으키곤 한다. 타인의 불행을 자기 행복으로 전도하여 간주하려는 의도가 우리의 무의식중에 자리잡고 있다. 이러한 악의는 반드시 살펴서 반성한 다음에 다시는 일으키지 않겠다고 결심해야 한다.

의도는 목표를 계획하는 것과 연결된 것이다. 일상생활에서 선한 의도를 계속적으로 실천해야 한다. 선한 의도로 힘을 키우면 악한 의도는 자연스레 힘을 잃는다. 상대성을 갖고 있는 것이다. 두 가지가 늘 같이 간다. 악의라는 것은 아주 나쁘다는 것을 어렸을 때부터 인식해야 한다. "왜 맞고만 다니니, 너도 때려야지." 그게 첫 번째로 악의를 가르치는 것이다. 자기 의도대로 안 되면 상대를 먼저 윽박지르고 협박하는 등 우리 사회에 수없이 난무하는 폭력이 이런 경우에서부터 시작된다. 악의라는 것은 선의를 발현하면 저절로 힘을 잃고 만다. 우리의 마음 바닥엔 무의식과 함께 신성(神性)이 있기 때문이다.

성냄

잔잔한 마음의 바다에 태풍과 같은 놀라움이 성냄의 실체라고 할 수 있다. 자신의 뜻과 다르다 하여 상대를 기(氣)로써 제압하려 하거나 조복시키려는 행위가 성냄이다. 성냄은 분노와 유사하지만, 전자가 무조건적으로 일어나는 데 반해 후자는 대상으로 인해 분출되는 노여움이다. 사람들은 성냄이 심장을 상하게 한다는 것을 알면서도 좀처럼 고치지 못한다. 수행 없이, 마음 들여다봄 없이 성냄을 없애기는 어렵다. 온 곳이 없는 성냄의 존재를 이해하고 나면 가까이하지 않을 수 있다. 탐·진·치라는 삼독심(三毒心) 중에서도 성냄에 해당되는 진심(嗔心)이야말로 가장 경계해야 한다.

인간은 타인과의 관계에 있어 자존심이라는 것을 내세운다. 화는 관계 안에서 자라기에 관계가 없다면 화는 없다. 사실 나 자신을 제대로 들여다보기만 한다면 화를 내게 하는 요인은 그리 많지 않다. 화라는 성품은 분노로 가득 찬 사회적 분위기에서 길들여진다. 우리가 이 세상에 윤회하는 것은 자아라는 것이 있다는 생각에서 시작된다. 윤회에서 가장 중요한 건 자아의 형성이다. 우리의 민족성은 외세에 의해 유린당한 시대를 살았던 경험으로 형성된 부분이 있다. 억눌린 부분들이 생활 중에서 자기도 모르게 나타나기 때문에 우리는 성내는 것에 많이 익숙한 편이다. 성냄은 급한 마음과 자제력 부족에서 온다. 따라서 타인에 대한 배려와 조화로 개선될 수 있다. 누군가와 화합하는 것이 조화이다. 화합이 깨졌을 때 성을 내게 되고, 나라는 존재를 드러내는 방법으로써 성을 내게 되는 것이다. 화가 나는 순간에 이 사실을 빨리 알아차려야 한다. 서로 행복해져야 한다고 자기를 스스로 가르쳐야 한다.

격분

분노가 지나칠 때, 참기 어려울 때 감정이 복받쳐 오르는 것이 격분이다. 무엇이 그토록 나를 참을 수 없게 만드는지 들여다보고, 그런 다음에 숨고르기를 시작한다. 마음이 가라앉을 때까지 '나는 평정을 되찾고 있다'라고 자기 최면을 건다.

자기 뜻에 맞지 않아 자제력을 잃고 자기를 드러내는 것이 성냄이라면, 분을 참지 못하고 격한 상태로 부글부글 끓는 건 격분이다. 격분은 반드시 나를 상하게 한다. 수많은 세포들이 혈액을 순조롭게 옮겨 다니며 일하고 있는데 성냄과 격분이 나면 세포들이 지진을 느낀다. 그것은 몸에게 해일 파동과 같은 것이다.

혐오

자신만을 아끼다 보면 자기도 모르게 남을 업신여기는 마음이 생긴다. 남의 허물은 용서가 되지 않는 게 혐오심이다. 우리 마음을 더럽히는 원인은 그 바닥을 보지 못하는 어리석음이다. 자기중심적인 사고방식을 고치지 않으면, 혐오가 강력한 오염 기운으로 자신을 지배하게 될 것이다.

 혐오는 눈으로 볼 수 있는 물질에 대해서 깨끗하다 더럽다는 분별심을 나타내는 파장이며, 일정한 잣대를 남에게 일일이 갖다 대는 자기 표출 방식이다. 혐오가 타인에게 드러나는 것만 문제가 아니라, 내 안을 들여다보았을 때에도 내 마음이 끊임없이 혐오로 둘러싸여 있다는 게 정작 문제다.

어리석음

 어리석음은 사실 자기 판단을 믿지 못하는 데서 기인한다. 어리석음은 지혜의 힘을 키우지 않으면 참으로 벗기 어려운 번뇌의 뿌리이다. 그러므로 대부분 자신의 어리석음을 스스로 들여다보더라도 판단이 흐려서 제대로 보지 못하고 만다. 지혜는 사라지는 그림자가 아니라 언제나 연(緣)이 맞으면 절로 모습을 드러내는 해와 같다. 해는 항상 존재하는 것이어서 구름에 가려 보이지 않다가도 구름이 벗겨지면 보인다. 그러므로 어리석음에서 벗어나기 위하여 팔정도(八正道) 중 정사유(正思惟)를 닦을 필요가 있다. 끊임없는 사유의 뜰에서 현명한 사고를 키워 중도(中道)에 서야 한다.

 어리석음에 빠져 있으면서도 스스로 모르는 게 문제이다. 모르기 때문에 깨어나려는 노력도 고민도 없다. 사행심(射倖心)을 계속 길러 자신의 삿된 생각이 이루어질 수 있으리라는 원대한 목적의식을 가지고 사는 게 문제이다. 인과를 모르는 데서 오는 잘못이다. 콩 심으면 콩 나는 게 당연한데도 끊임없이 포기하지 못하는 것이다. 어리석음을 바로 돌이키는 마음이 지혜다.

부끄러움 없음

잘못을 저지르고도 모르는 것이 부끄러움 없음이다. 부끄러운 행위를 부끄러운 줄 알고 반성하여 고칠 때 부끄러움과의 연결고리가 끊긴다. 의식주가 허름한 것은 부끄러운 일이 아니다. 남보다 부유하지 않더라도 그것을 들여다보지 않으면 행복할 수 있다. 타인의 이익을 가로채고도 부끄러워하지 않는 이들, 타인에게 억울한 누명을 씌우고 부끄러워하지 않는 이들이 부끄러움 없는 이들이다.

우리는 많은 사람들이 동조하면 무조건 옳은 것으로 여기는 잘못된 사회에 살고 있다. 같이 저지르면 죄의식 없고, 합리화되면 부끄러움 없음. 잘못된 행동을 하고도 반성하지 않고, 도덕성이 결여되었는데도 불구하고 부끄러움이 없는 사회는 그 안의 구성원 모두의 마음을 서서히 병들게 한다.

두려움 없음

두려움은 마음의 감각적 요소이다. 자연의 질서를 파괴하고도 두려워하지 않는다면 자연은 끝내 우리를 거부할 것이다. 우리가 지구 밖으로 내던져진다고 한번 상상해보라. 만일 땅과 물이 없는 곳에서 살아간다면 참담한 불행을 경험하게 될 것이다. 천지의 기운을 거스르지 않고 어떠한 존재에게도 해가 되지 않도록 마음챙김을 소홀히

하지 말자.

 나쁜 음식을 만들어 파는 것, 잘못된 식재료를 버젓이 내놓는 것 등 세상엔 많은 종류의 악행들이 있다. 먹는 걸 가지고 장난치는 일이 가장 나쁜 악행 중 하나다. 이것은 살인과 같은 행위다. 자신이 먹지 않는다 해서 병든 육류를 팔고 가공품을 만들면서 두려움을 모르는 사람들이 있다. 하늘을 두고 한 점 부끄러움 없이 살아야 한다. 많은 이들이 건강을 위해서 웰빙이다 뭐다 하며 갖은 호사를 누리면서도 환경 개선을 하려 하지 않는다. 산천초목이 있다. 함부로 베어 환경을 해치고도 두려워하지 않는다면 우리는 결국 지구 밖으로 내던져질 수 있다.

들뜸

 안정된 상태에서 벗어난 마음은 들떠 있다. 흥분과 약간 다른 의미인 들뜸은 가벼운 행동을 낳는다. 경망스러워서 실수의 디딤돌이 되기도 한다. 누구나 본의 아니게 실수를 저지를 수 있다. 희로애락을 조절하지 못하고 어느 한쪽으로 치우치면 들뜸과 연결된다. 들뜸은 음식을 통해 감정의 분비선이 자극받을 때 생기고, 그것에 익숙해질수록 자기를 괴롭히게 된다.

 들뜸은 동물성 음식과 깊은 연관을 갖는다. 저돌적인 성품의 동물성 음식을 먹으면서 들뜸을 다스리지 않으면 안정이란 없다. 안정된 마음이 없으면 지혜가 생기지 않는다. 들뜸을 해소하기 위해서는 지속적으로 자신을 안정의 상태로 끌어내리는 것이 중요하다.

사견

　사견은 삿된 견해이다. 올바른 판단력을 잃을 때 삿된 견해가 생긴다. 세상을 보는 잣대가 어느 한편으로 기울어져 있을 때 자기도 모르는 사이 사견에 빠진다. 오해하고 우기는 성품이 강한 사견은 자신을 스스로 해치는 독이다.
　사견은 어리석음의 뿌리이다. 자기 생각에 빠져 일이 해결되지 않는 경우에도 자기만의 독선과 오만을 벗지 못하는 게 사견이다. 극단적인 경우에, 맹신을 부추겨 종교에 위압집단을 만들고 인간을 해치는 상황이 촉발되기도 한다. 바른 생각을 벗어나면 모든 경우에 일을 망칠 수 있다.

원한

　이런저런 다툼이 있을 때 원한이 뿌리를 내린다. 그러므로 다툼이 시작되는 순간 깨어 있어야 한다. 원한이 뿌리내리지 못하고 상대방이 원한을 품지 않도록 즉시 싸움을 그쳐야 한다. 상대가 잘못된 견해로 싸움을 걸어올 때 얼른 알아차려서 싸움을 그치도록 상대방을 설득해야 하고, 설득되지 않을 때는 포기하고 그 순간을 벗어난다.
　인간의 마음은 손해를 보고 싶어하지 않는다. 정복당하지 않으려 하고 경쟁하려 한다. 남에게 원망하는 마음을 멈춰야 원한심을 쉴 수 있다. 상처 될 말은 하지 말아야 한다. 타인을 제대로 위로하고 배려하지도 못하고 사는데 하물며 원망하는 마음을 갖도록 말을 함부로 하면 안 된다. 적을 만들지 말아야 한다.

저주

자기의 뜻에 어긋날 때 내려지는 자조의 목소리가 저주이다. 또한 타인이 잘못되기를 비는 마음이 저주다. 그러므로 머뭇거리지 말고 바로 알아차려서 상대방을 불쌍히 여기는 마음으로 자기 마음을 바꾸어 다스려야 한다. 그 순간 죽음을 생각해본다. 죽음 앞에서는 모두 관대해지기 때문이다.

저주는 원한의 연장선이다. 원망하는 마음 없인 저주가 생길 수 없다. 보복심리가 저주이다. 주고 싶지 않은 마음이 강하기 때문에 저주를 키운다. 시기와 질투에서 비롯되는 것이다.

질투

나와 남의 경계가 뚜렷한 사람이 가지고 있는 질투는 내가 상대방을 뜻대로 하지 못할 때 생긴다. 질투는 투쟁심이 강한 성격으로 자신과 타인의 생명을 해치기도 한다. '네가 어떻게 감히 그 일을 할 수 있어' 라고 상대를 무시하는 것이다. '내가 뺏길 수 없어. 내가 더 나아' 라고 취하려는 욕망이다. 사랑하는 자애심을 자기 안에서 끊임없이 키워야 한다. 모든 이가 행복하기를 바란다면 질투는 있을 수 없다. 그 반대는 너그러움과 양보이다.

인색

넉넉하지 않은 마음의 뿌리가 인색이다. 자기가 우세하기 위하여 곳간을 지키는 인색은 옹졸한 마음이다. 가지고 있으나 남에게 주고 싶지 않은 마음, 더 많이 갖고 싶은 마음이다. 세상의 많은 성인들이 사랑과 자비로써 타인의 인생을 이끌었다. 우리도 삶에서 인색이 없도록 해야 한다. 내 것이 남아돌 때 남과 나누는 게 아니라 내 것이 없을 때조차도 남과 나누는 게 인색을 버리는 길이다.

속임수

자기 이익 앞에서 꺾이는 마음인 속임수는 비열한 마음에 그 뿌리를 둔다. 안식(眼識)이 먼저 저지르는 속임수는 자신마저 속이는 양면의 칼이다. 눈 가리고 아웅 하는 식인데, 왼손이 하는 일을 오른손이 모를 수 없는 일이다. 그러나 남을 속이는 사람은 자신을 속이는 일도 한다. 어리석음에도 뿌리를 두고 있다.

기만

아만을 넘어선 기만은 더 힘이 세다. 타인을 인정하지 않는 기만은 잡아 끌어내도 좀처럼 끄떡하지 않는다. 오로지 자기를 낮추어야만 고쳐진다. 타인을 인정하지 않고 억지로 남을 넘어서는 마음이 기만이다. 세상을 살아가면서 남들에게 상처 주는 다양한 수단 중의 하나이다. 남 앞에서 우쭐하는 행동도 타인에게 상처가 될 수 있다. 자신의 마음을 끊임없이 단속해야 한다.

고집

아상(我相)의 틀에서 자란 고집은 오로지 자신만 지나치게 옹호하는 비호세력이 키운 덩어리다. 죽을 때까지 가져가는 것이 고집이다. 고집은 나중에는 마치 단단한 돌같이 뭉쳐져 쉽게 깨지지 않는다. 고집은 어리석음에 뿌리를 두고 있지만 결국 인색과 연결되어 자신을 외톨박이로 만드는 행위다. 자신을 스스로 설득하지 않으면 고치기 어려운 것이 고집이다. 의욕과 고집은 다르다. 또 욕심과 고집은 다르다. 고집은 아만이 키운 것으로 성품을 해치는 일종의 악행이라 할 수 있다.

살생하고, 학대하고, 자르고, 묶는 일, 도둑질, 거짓말, 사기와 속이는 일, 가치 없는 공부, 남의 아내와 가까이하는 일, 이것이야말로 비린 것이지 육식이 비린 것이 아닙니다.

이 세상에서 사람들이 감각적 쾌락을 자제하지 않고, 맛있는 것을 탐하고, 부정한 것과 어울리며, 허무하다는 견해를 갖고, 바르지 못하고, 교화하기 어려우면, 이것이야말로 비린 것이지 육식이 비린 것이 아닙니다.

거칠고 잔혹하며, 험담을 하고 친구를 배신하고 무자비하며, 몹시 오만하고 인색해서 누구에게도 베풀지 않는 사람들, 이것이야말로 비린 것이지 육식이 비린 것이 아닙니다.

성내고, 교만하고, 완고하고, 적대적이고, 속이고, 질투하고, 호언장담하고, 극히 오만하고, 사악한 자들을 가까이하는 것, 이것이야말로 비린 것이지 육식이 비린 것이 아닙니다.

악행을 일삼고, 빚을 갚지 않고, 중상하며, 재판에서 위증을 하고, 정의를 가장하며, 이 세상에서 죄과를 범하며 비천하게 행하면, 이것이야말로 비린 것이지 육식이 비린 것이 아닙니다.

이 세상에서 살아 있는 생명에 자제하지 못하고, 남의 것을 빼앗으면서 그들을 해치려 하고, 계행을 지키지 않고, 잔인하고, 거칠고, 무례하다면, 이것이야말로 비린 것이지 육식이 비린 것이 아닙니다.

—『숫타니파타』

소식, 절식, 단식, 비우고 버리기

어떤 음식이 좋다고 해서 무조건 많이 먹는 것은 문제가 있다. 자기가 평소 먹는 양보다 적게 먹는 게 소식이다. 자제력을 기르고 식욕에 대한 욕망을 스스로 줄이기 위한 수단이 소식이다. 소식은 주식의 양을 줄이는 것이다. 밥, 국, 곡류 등 평상시 반찬군을 줄일 필요가 있다. 늘 먹는 패턴에 익숙해져 있기 때문에 그것을 줄여야겠다는 생각을 보통 안 하는데, 반찬 그릇을 죽 늘어놓는 것보다 한 접시에 내가 먹을 만한 양만 담아 눈으로 확인하면서 내가 이만큼 먹는구나 생각하며 먹는 게 좋다.

소식은 실천이 중요하다. 한 번 하고 마는 게 아니라 지속적으로 줄여가는 것이 중요하다. 어느 정도 소식이 진행되면 그 분량만 먹어도 포만감이 오고 활동에 장애가 없게 된다.

소식은 자기 마음을 길들이기 위한 수단으로도 쓰인다. 자기가 하는 일에서 쓸데없는 부분을 버려야 소식이 진정으로 실천된다. 건강을 위해서만 하는 소식은 반쪽이고 우리 생각의 반을 더는 것까지 연결되어야 진정한 소식이다.

소식을 하면 목적의식이 생긴다. 소식은 자기에게 활력을 주고 자기를 개선하는 힘을 발전시킬 수 있게 한다. 장수하는 이들이 많은 나라의 식생활은 대부분 소식을 위주로 한다. 많이 먹으면서도 오래 사는 것은 흔치 않다.

질병에 걸린 사람이 위기에 닥쳐서야 소식에 대한 욕구를 실천하고자 할 경우 때로는 그것이 지나쳐 오히려 명이 단축되는 경우가 있다. 소식은 평상시 생활, 건강한 생활에서부터 실천해야 한다. 어떤 위기에 부딪혀 시작하는 것은 너무 늦다.

현대의 병들은 너무 많이 먹기 때문에 생기는 병들이므로 소식을 실천하면 생활이 다 수월해진다. 욕망을 잠재울 줄 아는 사람이 되면 성스러운 인생을 살 수 있게 된다. 세상에 많은 성자들이 먹을 것 다 먹고 할 것 다 하면서 성인이 된 것은 아니다. 그들은 자신을 절제하면서 성인이 되었다. 우리도 성인처럼 살겠다는 마음가짐으로 임하면 훌륭한 삶을 영위할 수 있다. 그 기본 가운데에 소식의 식생활이 있는 것이다. 간디, 아리스토텔레스 등 수많은 현자와 성인들이 소식을 실천했다.

많은 타인들의 삶을 책으로 들여다보고 배우지만 그 가르침을 실천하지 않는 것에 문제가 있다. 이제는 무엇을 배우고 무엇을 할까를 고민하지 말고 사고전환을 하여 한 가지라도 실천해보자. 시도하면 된다. 망설임 없이 시도해야 한다. 지침이나 오랜 가르침이 꼭 필요한 것은 아니다. 우리는 이미 너무 많은 것을 학습하면서 살았다. 그러면서도 실천엔 인색하다. 해보지 않은 것을 새로이 시도하는 것에 대한 두려움이 있다. 그 두려움에 마음이 동조하여 합리화되면 매너리즘에 빠지게 된다. 어느 순간, 내가 이걸 안 했구나 하고 깨달았다면 그때는 이미 늦어버린다. 마음먹었을 때 하지 않으면 힘을 잃고, 나중에 실천하려면 더 많은 시간이 걸린다.

소식은 영혼을 정화시키는 구실도 한다. 물질에 욕심을 버리게 되면 정신까지도 자각활동을 통해 생각을 잘 비우게 되고 단순해지면서 늘 맑은 것에 길들여지게 되고 경치 좋고 조용한 곳에 머물기를 좋아하게 된다. 산만한 사람은 결코 그 일을 시도하기 어렵다.

훌륭한 사람이 되고 싶다는 욕망을 갖고 있다면 소식을 실천해서 자신을 간결하게 정리할 필요가 있다. 우주의 원리에서 본다면 물질은 하나가 비면 다른 하나가 채워지게 된다. 내가 한 번 안 먹고 덜 먹으면, 없어서 못 먹는 곳에 그 음식이 돌아가게 되어 있다. 내게 주어진 음식이라고 다 먹어치울 필요는 없는 것이다.

그러나 음식을 만드는 사람은 버리지 않고 만드는 것에 신경써야 한다. 음식은 인간이 만드는 다른 창조물과 같이 하나의 창조물이다. 심혈을 기울여 정신이 그 바탕이 되고 마음이 움직여 물질을 만들게 될 때 창작이라는 이름을 붙일 수 있다. 소식 역시 자신이 계획하고 실천하는 것이기 때문에 자신만의 창작물이 충분히 될 수 있다. 옷감을 재단하듯 소식을 통해 나 자신을 재단하고 제어할 수 있다. 부족한 부분을 상호보완하면서 몸 건강, 마음 건강으로 나아갈 수 있다.

절식은 소식의 전단계로서 줄여 먹는 것을 말한다. 오늘 한 숟갈 더는 것을 반복 훈련하는 것이다. 한 달 동안 10퍼센트를 줄이고 그 다음에 30퍼센트를 줄인다. 급작스레 이루려고 하면 실패한다. 일 년 동안 30퍼센트만큼 양을 줄여 먹으면 바람직한 절식이라고 할 수 있다. 절식하되 하지 않은 듯 자연스레 이루어지는 과정이어야 한다. 그것이 거부감 없이 소식으로 익숙하게 나아가는 길이다.

두려움은 소식과 절식의 큰 적이다. 많은 사람들이 익숙한 것에서 멀어지려고 하지 않기 때문에 두려움을 갖는다. 그러나 한 번 하고 행복하고 두 번 해서 행복하면 성취감이 느껴질 것이다. 이런 모든 행위들이 자기 설득 없인 안 된다. 내 마음에 결정심이 있어야 한다. 내가 나에게 가르쳐야 한다.

자신을 설득하지 못하는 모든 상황은 가치관 상실에서 비롯된다. 우리 몸도 마음에서 비롯되기 때문에 먼저 자기 자신을 마음에서부터 챙기는 것이 중요하다. 상황이 바쁘게 돌아가더라도 최대한 시간 맞춰 먹고 절도 있게 생활하면 식습관도 변한다. 작은 것이라도 실천해 봐야 한다. 한 번 해본 것은 시도하기가 쉬워진다. 어느 시간에 밥을 먹는지, 내게 여유시간이 무엇이고, 내가 어떤 태도로 먹는지, 한자리에서 먹는지 들고 다니며 먹는지 왁자지껄 먹는지 들여다보면 맹점이 발견될 것이다. 그 맹점의 시발점부터 개선이 시작되어야 한다.

밥 먹는 시간을 위해서 다른 모든 생활습관을 고쳐야 할 경우도 있다. 그렇게 삶이 달라진다. 사소하고 하찮게 여겨지더라도 그 마음을 챙겨야 한다. 특히 편식하는 사람은 새로운 시도를 해봐야 한다. 고기를 많이 먹는 사람은 고기 대체식품이 필요하다. 뭐든 설정이 필요하다. 의도에 따라 실천해야 한다. 마음에서 받아들이지 않으면 개선이 안 된다. 의지와 의도와 실천, 이 세 가지가 모두 있어야 한다. 그렇게 되면 나물을 먹지 않던 아이들도 나중에는 "나물 반찬 해주세요"라고 말하게 된다.

단식은 소우주인 자기 몸 상태를 잘 살펴서, 기능과 작용을 관찰하는 일에 소홀했음을 비움의 시간을 통해 반성하고, 잘못된 습관을 고치려는 마음가짐에서 출발한다. 자연스럽게 자연과 하나가 되어서 일상의 긴장을 놓아버리고 원초적인 여유를 즐기는 일이 단식이다. 단식은 영양공급을 차단하는 극단적인 방법이면서, 몸을 비워 생체리듬이 스스로 되살아나기를 기다리는 행위이다. 아주 자연스러운 치료법인 것이다. 단식 중에는 불필요하게 축적된 과잉 에너지가 몸 밖으로 빠져나가기를 기다린다. 그때 노폐물이 많은 이는 냄새도 고약하다. 몸에서 뿜어내는 독소가 많기 때문이다.

단식 중의 인체는 세포와 정신을 정화한다. 그동안 몸의 장기도 스스로 알아서 신속하게 정화된다. 암세포조차 신속하게 녹는다. 단식을 하면 신체가 약알칼리성으로 변하여 발암물질이 번식할 수 없는 환경이 되기에, 효율적인 단식은 몸을 건강하게 한다. 그러나 정신의 정화 없이 육신의 정화만으로는 완전한 단식이라고 할 수 없다. 마음이 허약하여 조금만 위험해도 겁을 먹고 불안해하는 성격을 가지고 어떻게 마음의 청정을 바랄 수 있겠는가?

오래도록 아집의 덩어리를 모아서 지키기에 급급했던 현실을 훌훌 털어버리고 순수한 자연의식 속에서 자기를 만나보면 한결 긴장이 풀려서 편안해진다. 많이 배워서 기억하는 것도 중요하지만 불필요한 요소들을 놓아버리는 것도 그 못지않게 중요하다. 기억창고에서 생각의 갈래를 끊고 인식의 범주를 부수는 단순한 생활인이 될 때 건강해진다.

모든 이들이 건강과 행복을 꿈꾸며 그것을 실현하기 위하여 노력하지만 이루는 이가 적은 것은, 노력이 부족해서라기보다 욕심이 앞서기 때문이다. 불행은 불만족에서 온다. 단식을 견디지 못하는 것 역시 아만이 그 원인이다. 배고픔 때문이 아니라 "내가 왜 고생을 사서 하지?"라는 책망이 앞서기 때문이다. 자신의 존재를 지나치게 과대평가하는 이들은 단식에 성공하지 못한다. 비움에 익숙하지 않은 습관이 행위를 부적절하게 이끌어버린다. 지금은 비워야 할 시간이다. 다변화 사회일수록 더욱 비움의 시간이 필요하다.

단식하는 중에는 자연이 주는 공기와 물을 가장 잘 흡수하기 위하여 호흡수련이 필요하다. 호흡은 날숨과 들숨의 단순한 작용이지만, 호흡지간에 생사가 갈린다. 내쉰 숨을 들이마시지 못하면 죽음인 것이다.

음식을 많이 먹고 호흡하는 것은 힘들지만, 오장을 비우고 호흡하면 호흡이 가는 길을 다 느낄 수 있다. 단전호흡도 느낄 수 있다. 호흡이 순일해지는 것을, 단전이 잘 형성되는 것을 느낄 수 있다. 현대인들은 바쁘게 살아간다. 마음의 여유가 없기 때문에 헐떡거리며 살고 있다. 깊은 호흡이 없다. 단전호흡을 하면 흔들리지 않고 굳건한 자기 믿음을 쌓을 수 있다. 호흡은 생사를 다루는 문제이기 때문에 열심히 단련하면 수명 연장에도 도움이 된다.

나가는 숨, 들어오는 숨을 다 느껴봐야 한다. 여러 번 반복하면서 자리를 잡게 된다. 호흡이 깊을수록 정신세계도 열리게 된다. 내가 열어가는 대로 다 내 영역이 될 수 있다. 음식의 초입 부분에 호흡이 있고 호흡도 음식이다. 음식과 같이 계속 먹어줘야 한다. 호흡을 통해서 신선한 공기를 들이마시면 신선한 공기가 세포 구석구석까지 돌아다녀 혈액이 정화된다. 보통은 폐까지만 공기가 드나들지만 깊은 호흡은 공기가 단전을 지나 꼬리뼈까지 나간다.

호흡을 통해서 기감(氣感)을 알 수 있다. 기는 혈을 타고 돈다. 혈액의 파동이 기다. 기분이 좋고 나쁘다는 것은 내 기가 안정되어 있느냐 그렇지 않느냐이다. 잠시 음식을 단절하고 자신의 상황을 지켜보는 일은 대단히 유익한 일이다. 몸의 어느 부분이 좋지 않다고 느껴질 때는 그 부분을 관하면서 힘을 주어야 한다. 우리 몸은 자정능력을 가지고 있기 때문에 병이 생기면 이 자정시스템을 발동해서 상황을 개선해갈 수 있다. 감기에 걸리더라도 병원 안 가고 생강차 한 잔 마시고 이불 뒤집어쓰고 땀 흘리면 나을 수 있다. 생강차는 땀을 흘리지 않으면 오히려 두통을 더 심하게 할 수 있다. 조심할 부분이다. 병을 내 몸 밖으로 내던져야 한다. 수많은 통로들을 통해 병이 침입하고 있는데 어느 쪽에서 누수가 있을지는 알 수 없다. 내가 할 수 있는 일은 예방하는 것뿐이다. 어느 쪽에서 질병이 들어와도 방어할 수 있는 저항력과 면역력을 키워야 한다. 단식은 면역력을 키워주는 구실을 한다.

자연스럽게 자신의 호흡을 지켜본다. 숨을 내쉴 때는 내쉬는 행위를 알아차리고 숨을 들이마실 때는 들이마시는 행위를 알아차리면서 호흡에 집중하다 보면 정신이 맑고 투명해진다. 코로 들이마시고 코로 내쉰다. 부처님께서 말씀하신 아나파나사티이다.

집중을 돕기 위하여 호흡수를 세어나간다. 1에서 100까지 순조롭게 세어지면 거꾸로 100에서 1까지 다시 센다. 여러 번 반복하다 보면 3천까지 셀 수 있다. 노폐물이 빨리 몸에서 빠져나가게 하려고 호흡수련을 하는 이는, 내쉬는 호흡에 집중한다. 들이마시는 숨보다 내쉬는 숨을 길게 해본다. 각자 몸 상태에 따라 다르게 수련해야 한다.

단식 중에 일어날 수 있는 반응으로는 공복감, 탈수, 피로, 체중 감소, 설태, 소변의 혼탁, 피부 발진, 후각 예민, 생리, 현기증, 오한, 가려움, 무기력 등이 있다. 몸은 음식물을 에너지원으로 삼아 운동해왔다. 모든 장기가 모처럼 긴 휴가를 즐기는 상태에서 배고픔이 불안한 심리를 부추겨서 여러 증상을 일시적으로 느끼게 할 수 있다. 하지만 마음에서 식탐을 버리면 평온하다.

단식 중에는 육근을 잘 단속해서 쉬도록 길들인다. 묵언을 지키고 생각을 쉬고, 보고 듣는 일에 무심해져서 초점을 내면의 관찰로 돌린다. 그래서 무념무상을 하게 된다. 단식도 수행이다. 수행 없는 단식은 굶주림일 뿐이다. 단식은 칼의 양날과 같다. 잘못 쓰면 후회막급이기 때문이다. 신중하고 조심스레 몸을 관찰한다. 단식은 7일을 기준으로 1차 정리보식 7일과 2차 정리보식 7일을 함께 한다. 총 21일 프로그램을 운용하는데, 개인의 질병에 따라 가감한다.

단식은 정신력을 강화하는 수단이다. 단식은 내 몸의 저항력을 키워주면서도 정신이 깨어나는 것을 보기 위한 수단이다. 단순히 음식을 끊는 것으로써 좋지 않은 기운들을 몸 밖으로 배출시키고 내 몸의 모든 기능들이 스스로 수행의 기틀을 만들어갈 수 있도록 기다려주는 시간이 단식의 시간이다. 각 장기들이 무거움을 들어내고 제자리를 찾을 수 있도록 도와주고 너무 많은 생각과 경험들로 혼란스러운 정신세계의 잔재들을 덜어내서 다시 한 번 내가 하고자 하는 일들을 위해 정신을 집중하게 하는 자생력을 갖게 한다.

단식은 먹는 것을 참는 고통도 따르게 하지만 다른 한편으로 음식에 대한 소중함도 일깨워준다. 음식을 끊음으로써 음식에 대한 고마움과 음식을 함부로 대한 데 대한 자성의 시간을 가질 수 있다. 또한 단식 후에 처음 먹는 보식을 대하면서 그전까지 느끼지 못했던 음식 본래의 담백함과 부드러운 성품을 새삼 발견할 수 있다.

단식은 새로운 것을 하기 위한 도약의 시점도 된다. 멀리 뛰기 전에 잠시 몸을 움츠리는 것과 같다. 앞만 보고 달려가다가 잠시 멈춰서 돌아보고 정리하는 것이 단식이다. 장기(臟器)의 휴식이기도 하지만 정신의 휴식이기도 하다. 우리가 늘 움켜쥐고 놓지 못했던 것들을 놓아버리는 순간이라고 할 수 있다. 배고픔의 고통을 느끼며 음식을 갈구하는 자신을 스스로 보면서, 몇 끼 안 먹어서 나약해지는 자신의 모습을 발견하면서, 이제껏 자기가 어떤 마음가짐을 가지고 살아왔는지 한눈에 보게 된다.

자제력이 없는 이는 더 쉽게 배고픔을 느끼고, 자제력이 있는 이는 동요 없이 단식을 받아들인다. 단식을 통해 제일 처음 겪게 되는 것이 분노이다. 먹지 못한다는 절망감 때문에 단식 중에는 신경에 거슬리는 것을 보면 종종 분노가 튀어나온다. 그때 자기가 무너지는 것을 보게 된다. 즉 자기를 성찰하게 하고, 자기를 적나라하게 보게 되는 기회가 된다. 혼자서 자신의 부끄러움을 훤히 한눈에 볼 수 있는 상황이기 때문에 자기를 들여다보는 습관을 기르기에 좋다.

단식은 하면 할수록 자제력이 키워져서 어떤 고난을 만나도 묵묵히 견뎌낼 수 있다. 마음이 더 강인해지고 끈기가 생겨서 일을 잘 처리하는 현명함으로 반드시 연결된다. 단식을 여러 번 해본 사람은 자기 컨트롤을 잘한다. 삶의 청사진까지 그릴 수 있게 된다. 먹는 것에 대한 자제력이 형성되어 쓸데없이 먹고 싶다는 욕구를 발현하지 않게 된다. 묵묵히 견디게 되고 나중에 깨달음으로까지 이어진다. 단식은 훌륭한 자기 훈련 방법으로서 모든 수행인들은 단식을 수행의 기초로 삼고 있다. 요가를 하기 전에 단식을 경험하게 하는 것은 자기 자생력과 질병에 대한 저항력을 키워주고 우유부단하지 않은 지혜로운 결정심을 키워주기 위한 것이다.

단식 중에는 우선 마음을 단단히 먹어야 한다. 그리고 먹는 것에 대한 미련을 버려야 한다. 지도하는 사람의 말을 잘 따라 안전하게 시도해야 한다. 그리고 하루에 2리터 분량의 물을 마셔야 한다. 우리 몸의 70퍼센트가 물이기 때문에 충분히 섭취해줘야 한다. 물은 소리내어 '벌컥' 마시는 것보다 밥그릇에 따라 천천히 한 수저 분량씩 씹어서 소화되기를 기다리며 마신다. 나머지는 일정한 간격을 두고 마신다. 산책 중에도 물병을 항상 가지고 다니며 몸의 근력이 피로할 때마다 마신다. 피로물질이 씻겨져 나가는 상쾌함을 느낄 수 있다. 단식 중에 물을 잘 마시지 않으면 현기증, 갈증 등의 부작용이 생기고 마른 변비가 생긴다. 마른 변비는 장이 부패하는 속도를 더 빠르게 진행시키는 아주 위험한 변비다.

또한 비누, 치약, 칫솔 등 인위적인 것은 사용하지 않도록 하고, 양치는 손가락에 죽염을 묻혀 이와 잇몸을 문지른다. 인위적인 칫솔을 사용하지 않는 이유는, 단식 기간은 온몸이 민감해져서 상처를 입기 쉽기 때문이다. 몸에 에너지가 부족한 상태에서는 작은 충돌도 상처를 주기 쉽다. 무언가가 부딪칠 때마다 미세한 부분이 신경을 건드린다. 때문에 양치도 어루만져주는 정도로 해야 한다. 치약 냄새도 위에 거슬릴 수 있다. 샴푸, 린스 등 후각을 괴롭힐 만한 성분은 피해야 한다. 완전히 이완된 상태에서는 모든 것이 침입자가 될 수 있다는 것을 명심해야 한다. 가장 편안한 상태, 즉 이물질과 접촉하지 않고 모든 상태를 거슬림 없는 상태로 만들고 단식을 해야 한다.

그리고 미온수를 사용하여 매일 씻어야 한다. 뜨거운 물은 체온을 빼앗기 때문에 좋지 않다. 산책은 아침저녁으로 꼭 한다. 요가와 스트레칭 등도 지도에 따라 한다. 명상은 매일 한 시간 이상 하는데, 자신의 병의 기운을 관찰하여 몸 밖으로 배출시키는 관상명상에 웃음명상을 곁들이면 좋다. 단식을 자기 교정의 기회로 삼아서 인생관을 정립하는 시간으로 만들어야 한다.

단식은 위벽을 확장시키지 않는다.

단식은 위의 소화액 분비를 유발시키지 않는다.

단식은 장의 기능을 마비시키지 않는다.

단식은 혈액을 감소시키거나 빈혈을 야기하지 않는다.

단식은 산 과다증을 야기하지 않는다.

단식은 심장을 약화시키거나 심장에 지장을 초래하지 않는다.

단식은 영양결핍으로 인한 부종을 일으키지 않는다.

단식은 결핵이 유발되거나 심화되도록 방치하지 않는다.

단식은 질병에 대한 저항력을 감퇴시키지 않는다.

단식은 치아에 손상을 끼치지 않는다.

단식은 신경조직에 손상을 끼치지 않는다.

단식은 어떠한 생명기관에도 손상을 끼치지 않는다.

단식은 체내의 각 선(임파선 등)에 지장을 초래하지 않는다.

단식은 비정상적인 심적 상태를 유발하지 않는다.

단식은 생명기관에 완전한 휴식을 제공한다.

단식은 음식물이 장에서 부패하여 인체를 중독시키는 것을 막는다.

단식은 장을 비게 하여 부패 박테리아를 제거한다.

단식은 배출기관에게 적절하게 일하는 기회를 제공한다.

단식은 각종 분비물, 저장물질, 질병조직, 비정상적 생리기능과 분비작용을 정상적으로 회복시킨다.

단식은 비정상적 성장물의 제거와 흡수를 촉진시킨다.

단식은 세포와 조직들을 생기 있는 상태로 회복시킨다.

단식은 에너지의 보존과 운반체계를 강화한다.

단식은 소화력과 동화력을 강화시킨다.

단식은 마음을 맑게 하며 정신력을 강화한다.

단식은 전반적인 인체기능을 강화한다.

—허버트 셸턴

차와 만나는 정화의 시간

    스님들은 새벽 세시에 일어나서 기도와 정진을 하고, 뭇 생명의 행복을 위하여 축원한다. 새벽 공기를 마시며 포행을 하고, 조용히 물의 흐름을 관찰하며 차를 마신다.
    차나무는 실화쌍봉수(實花雙逢樹)로 꽃과 열매가 동시에 맺히는데, 직근(直根)으로 뿌리를 내리는 절개와 추위에서도 견디는 곧은 성품을 지녔다. 물은 천지의 기운을 받고 태어나 끊임없이 정화되는 물질이다. 우리는 물처럼 살려고 차를 마신다.
    다도(茶道)는 마음의 잡티를 깨끗이 털어낸다. 초의 선사는 마음으로 마시는 차를 일컬어 '다선일미(茶禪一味)' 라고 했다. 차 한 잔으로 선(禪)을 논할 수 있다는 것이다. 차를 마시며 도를 한 맛으로 표현했으니 대단하다. 차를 만들고 마실 때 마음은 내면에 닿아 심오한 정서가 길러진다. 도에 견주어 말할 수 있는 사물거리들은 그리 많지 않다. 음식을 만들면서도 선에 들 수 있지만 차만큼 순일하게 선과 마주할 수 있는 사물은 드물다. 초의 선사의 『동다송(東茶頌)』은 차 문화의 근간을 한눈에 보여준다. 차는 인간의 오욕(五慾) 중 성욕, 물욕, 식욕 등 세 가지 욕심을 다스린다.

요즘 세간에서도 차에 대한 관심이 부쩍 늘고 있다니 반가운 마음이 든다. 그래서 슈퍼마켓에서도 녹차 음료를 살 수 있을 만큼 간편한 세상이 되었다. 이런 가운데, 남도의 곳곳에서 쉽게 만날 수 있는 녹차 재배단지는 점점 규모를 늘리고 있다. 그러나 관행농업을 답습하면서 차의 성품을 해치며 오염의 농도를 높이고 있다. 한꺼번에 많은 양을 재배하면서 병충해에도 약해지고, 생육을 돕는 비료를 남용하면서 수제차는 줄어들고, 이제는 차 재배에도 기계를 이용하는 경우가 많다. 원래 돌보지 않아도 잘 자라는 녹차에 영양을 공급한다고 일부러 애를 쓰면서, 녹차는 차의 성품을 점차 잃게 되고, 야생의 힘찬 에너지가 약화된 차로 길들여져 변하고 있다.

차의 신령스러운 성품은 천지의 기운을 받아 제 기운을 돋운다. 그럼에도 천재지변의 상황을 간파하지 못하고 눈앞의 이익을 앞세워 차를 인위적으로 대량재배하면서 이기주의의 온실 속으로 몰아가고 있는 것이다. 차밭을 인색하리만큼 내버려두어도 차는 무럭무럭 알아서 자란다. 적절한 환경만 조성해주면 제 나름대로 훌륭하게 성장하는 것이다. 차는 절기에 따라 옷을 갈아입고 일월성신의 빛으로 내성을 강하게 단련한다. 겨우내 눈밭에서 의연하게 버틴 차나무들은 곡우를 지내면서 찻잎을 탄생시킨다. 찻잎은 그저 채소밭에 나는 시금치 같은 잎이 아니라 하늘을 바라보고 일편단심 마음을 키운 신령스러운 감응을 지닌 나무이다.

절기상 지리산 서북부 지방은 입하가 되어야 첫물차를 딸 수 있다. 차는 생명을 기르고 인간의 마음을 정화시켜주는 묘리를 알고 있다.

차는 예부터 차례를 지낼 때 올리는 제물이었다. 『이원(異苑)』에 나오는 '잠양불석사만전(潛壤不惜謝萬錢)'이라는 글은 흙에 묻힌 혼령도 일만 금으로 사례함을 아끼지 않았다는 고사(古事)로, 이와 관련되어 다음과 같은 내용이 전해 내려온다. 섬현에 사는 진무의 아내는 과부가 되어서 차 마시기를 즐겼는데, 그녀는 차를 마실 때마다 집 안에 있는 오래된 무덤에 먼저 차를 올리곤 했다. 두 아들이 이것을 보고 마땅치 않게 여겨서 묘를 파헤치려 하자 어머니가 만류했다. 그날 밤 꿈에 한 사람이 나타나서 "내가 이 무덤에 누운 지 5백 년이 넘는데, 댁의 아드님이 무덤을 파헤치려 했을 때 부인께서 보호해주셨을 뿐 아니라 도리어 차까지 올려주시니 땅속에 묻혀 있는 썩은 뼈일망정 보은을 어찌 잊을 수 있겠습니까?"라고 말했다. 그리고 날이 밝아 눈을 뜨자 뜰에서 돈 십만 금을 얻었다고 한다.

절집에서는 오래도록 헌다(獻茶) 문화가 이어지고 있다. 불전에 올리는 육법공양(六法供養)은 여섯 가지 법다운 공양인데, 불전에 올리는 공양물로는 향(香) 공양, 등(燈) 공양, 과(果) 공양, 실(實) 공양, 미(米) 공양, 화(花) 공양 등이 있다. 요즘은 돈으로 공양을 대신하는 경우가 많지만, 차야말로 우리의 전통적인 공양물이었다.

생활이 윤택해지고 여유로워지면서 차 문화를 즐기는 인구가 늘어나고 있다. 수많은 차 모임〔茶會〕들이 운영되고 있고, 각지에서 차를 연구하고 있다. 어떤 행다법으로든 다도를 마음 다스리는 수단으로 삼아 차 마시기를 가까이하는 것은 좋은 일이다. 차 문화를 일상적으로 즐기다 보면 마음의 넉넉함과 여유로움을 누리는 시간도 많아진다. 올바른 마음으로 마시는 것이 바로 수행이다. 건강한 정신이 깃들게 하는 차 문화는 절집 식구들에게 사색을 위한 좋은 벗이다.

추사 김정희, 초의 선사와 함께 다성(茶聖) 3인으로 일컬어지는 다산 정약용 선생은 '음다흥 음주망(飮茶興 飮酒亡)'이라고 했다. 차 마시는 백성은 흥하고 술 마시는 백성은 망한다고 했으니, 차의 효능은 뭐니 뭐니 해도 정신을 일깨우는 데 있다. 한 해 24절기 중 입춘에서 곡우까지 88일 간격이다. 찻잎은 동지 때 움트기 시작한 양기가 차순에 충만히 농축되었을 때, 즉 곡우를 전후로 해서 따는데 그때가 우주의 순양이 적절한 시기이다.

지구의 온난화가 절기를 어지럽히고 있지만 아직까지 양력 4월 20일쯤이면 곡우차를 만날 수 있다. 맛을 느끼기에는 조금 부족한 곡우차보다 곡우를 일주일 넘긴 첫물차가 찻잎이 여물어 더 깊은 맛을 풍긴다. 세작이니 중작이니 대작을 시기에 맞추어 만들고 있지만 차 성품이 토양마다 조금씩 다르니 가장 친환경적인 재배법을 택하면 대작이라 해도 훌륭한 차맛을 내게 할 수 있다.

차 문화를 지켜온 세계 어느 나라도 우리만큼 정신의 함양을 키워온 나라는 드물다. 걸을 때, 머무를 때, 앉아 있을 때, 누워 있을 때, 그리고 말하고 침묵하고 움직이고 고요히 있을 때 등 차는 언제나 자기 자신을 챙기는 것을 일깨울 수 있다. 급한 마음을 내려놓는 데 차 마시는 것만큼 효과적인 게 없다. 차 한 잔에 들뜬 화기를 내려놓고 고요히 자신을 되돌아본다. 차 속에서 만나는 '나'가 있다. 그 '나'를 통해 마음을 들여다본다. 차를 마시는 이도 마음이고, 차를 권하는 이도 마음이다. 차를 즐겨 마셨던 수많은 선지식의 인생관은 오늘날까지도 우리에게 소중한 귀감이 되고 있다. "여보게, 차 한 잔 하세"라는 오래도록 회자되어온 이 한마디는, 만사를 내려놓고 차 한 잔 하며 모든 것을 있는 그대로 받아들이자는 이야기다.

세상의 수많은 음료 중에서도 차는 사람의 감성을 일깨우는 유일한 음료로, 영혼과 연결되는 것이다. 그 이유는 차의 환경과 연관이 있다. 차는 한 번 씨를 뿌리면 죽지 않는다. 일 년이 걸리든 이 년이 걸리든 몇 년이 걸리든 싹이 나고 사시사철 푸르다. 차가 수행자들에게 특별히 유익한 이유는 우리 정신을 점화시켜주기 때문이다. 잠을 깨게 하는 성분도 함유하고 있다. 또한 차의 녹빛은 시신경을 안정시켜준다. 차 바라보기 명상이 가능한 근거도 녹색이 가장 안정적인 색깔이기 때문이다.

차향은 우리 몸을 흠뻑 취하게 한다. 어떤 술도 차만큼 취하게는 못 한다. 차를 아는 사람은 차향이 어떤 향수보다도 즐거운 행복감을 준다는 것을 안다. 일상에서 차를 즐기는 사람은 늘 마음의 여유와 간결함, 적절함을 유지할 수 있다. 차의 성품 자체가 정결을 가르친다. 차는 이파리가 누워 있어도 항상 위를 향해 새싹을 틔운다. 어떤 물질도 차만큼 하늘이 자신을 키워준다는 것을 알지 못한다. 차는 하늘의 공덕을 알기에 하늘을 향해 싹을 틔운다. 또, 차는 열을 내려준다. 수행자들이 오래 정진하면 기가 상기되어 두통에 시달리기도 하는데 이럴 때 차는 상기된 기운을 아래로 끌어내려준다. 또한 차는 소화가 잘되게 해주고 다른 음식의 맛을 북돋워준다.

그러나 요사이 차 문화에는 다소 문제가 있다. 차 문화의 고급화를 통해서 자신을 과시하는 오류들이 눈에 띄는데 이는 경계해야 할 것이다. 다인(茶人)의 모임은 순수하게 차의 성품을 살피고 자신의 정신 함양을 위해야 한다. 값비싼 차를 마시면서 물질을 과시하여 반대로 그렇지 못한 사람들이 위축되는 것은 안타까운 일이다. 차의 순수성을 돌아보지 않고 자신의 이기심을 대입하는 것이 문제다. 차는 소화를 돕고 식후, 식간에 혼란한 마음을 정리하며 자신을 성찰하는 데 쓰여야 한다. 최근 일부 차 모임들의 그릇된 행태를 초의 선사가 본다면 가슴을 칠 일이다. 차의 계보를 따지고, 다도(茶道)를 정식으로 배우고 안 배우고를 중요하게 치는 것은 허례와 다름없다. 차를 닮아 고결한 인품이 되도록 노력한다면 이러한 오류는 있을 수 없을 것이다.

좋은 차의 기준은 한마디로 단정할 수 없다. 소위 귀한 차를 구한다고 수제차를 찾게 되고 유기농을 찾게 되고 값을 올리게 되고 그래서 천만 원이 넘는 차가 있는 것이다. 모든 국민이 공평하게 차를 마실 수 있는 시대가 와야 한다. 차는 단순한 음료인 만큼 널리 보편화되어야 한다. 그러나 차의 소비 확산에 맞추어 공급자가 차를 빨리 많이 생산하느라고 차를 키울 때 비료나 농약을 사용하는 것은 고쳐져야 한다. 차 마시는 일을 번거롭게 생각하지 않고 옛사람의 단순한 마음으로 자신만의 풍류를 즐길 줄 아는 문화가 널리 퍼져야 한다.

차를 마실 땐 다구(茶具)를 갖추는 것이 좋다. 찻주전자에 물을 끓여 김이 빠질 때까지 기다렸다가, 섭씨 75도 정도일 때 마실 양에 맞춰 차를 넣은 다관(茶罐)에 물을 붓는다. 물은 식힘그릇에 먹는 사람에 맞추어 미리 식혔다가 다관에 차를 넣은 후 식힘그릇의 물을 따른다. 보통 한 스푼의 차에 식힘그릇 절반 정도의 물을 부으면 된다. 물을 부은 뒤에는 30초 정도 기다렸다가 우려낸다. 여섯 번까지 우려 마실 수 있는데 좋은 차는 여러 번 우려도 언제나 같은 맛을 낸다.

차는 빈속에 마시면 위가 상할 수 있기 때문에 다식(茶食)을 곁들여 먹는 경우가 많다. 차는 냉한 성품이 있기 때문에 따뜻한 성분으로 다식을 만들어 먹는 게 좋다. 송홧가루를 뭉쳐서 꿀에 버무려 먹는 것이 전통적인 다식이다. 깨나 콩을 볶아서 꿀에 버무려 뭉쳐 검은깨다식, 콩다식, 땅콩다식 등을 만들 수도 있다. 그 밖에도 여러 가지 다양한 곡류, 견과류 등의 다식들이 계속 개발된다면 우리 차 문화는 더욱 풍요로워지고 조화로워질 것이다.

산간에 살다 보면 주위에 나 있는 산야초와 친숙해진다. 이 풀들을 가지고 산야초차를 만들어보니 제법 차향이 풍겨왔다. 산야초는 항산화 성분이 가득 함유된 약성(藥性)을 지니고 있기에 차로 우려내 마시면 누구에게나 보양이 될 수 있다. 따라서 녹차의 탁월한 대용품이 될 수 있다.

민들레를 뿌리째 캐어서 잘게 썰어 무쇠솥에 덖어 말린 다음 분말을 내어 물에 타서 먹으면 민들레 백차가 된다. 민들레의 흰 뿌리 부분이 진한 향기를 뿜고 있어 제법 근사한 차로 만들어진다. 봄이 오기 전 눈밭에 삐죽이 나오는 머윗잎을 따서 손으로 비벼 덖으면 머위차가 만들어진다. 일 년 내내 두고 마셔도 향을 뿜어내는 머위차는 입맛이 없을 때 식욕을 돋우는 차다. 머위를 찬거리로만 먹을 게 아니라 이렇게 차로도 마셔보자.

봄이 무르익을 무렵 깊은 산 곳곳에는 으름덩굴이 자란다. 새순을 올리는 으름을 만나 새끼손톱만큼도 자라지 않은 덩굴을 걷어와 목통차를 만들 수 있다. 봄에 각종 약초들의 첫 싹을 따서 백초차를 만들어 마실 수도 있다. 물오르는 새순과 함께 꽃을 따서 넣어도 좋은 차를 낼 수 있다. 탱자꽃까지도 차의 소재가 된다. 탱자는 줄기에는 가시가 나 있지만 꽃은 희고 아름답게 핀다. 향기도 좋아 차의 소재로서 더욱 훌륭하다.

돌복숭의 새순, 애기똥풀의 노란 꽃도 모두 차의 소재가 된다. 우슬의 새순과 비파나무의 새순, 그 밖에 일일이 열거하기 어려울 정도로 수많은 나무들의 순이 모두 차의 소재가 되어 우리의 건강을 돌본다. 조금만 몸을 부지런하게 움직이면 들판과 산을 누비며 좋은 차 소재를 구할 수 있다. 그러나 다른 한편으로 온 산의 산야초를 씨를 말리며 채취해가는 나쁜 근성을 가진 사람들도 있으니, 무엇이 좋다고 감히 말하기가 두려운 세상이다. 산야초를 채취할 때는 그저 봄철의 아름다움을 조금 맛본다는 소박한 마음으로 한 잎 두 잎 가져가는 것으로 만족하자.

찻물 끓는 대숲 소리 솔바람 소리 쓸쓸하고 청량하니
맑고 찬 기운 뼈에 스며 마음을 깨워주네
흰 구름 밝은 달 청해 두 손님 되니
도인의 찻자리 이것이 빼어난 경지라네.

—초의 선사

낮에는 차 한 잔 하고
밤이 되면 잠 한숨 하고
푸른 산 흰 구름
더불어 무생사를 말함이여.

—서산 대사

한 잔의 차는 한 조각 마음에서 나왔으니
한 조각 마음은 한 잔의 차에 담겼어라
마땅히 이 차 한 잔 한번 맛보시게
한번 맛보시면 한없는 즐거움이 솟아난다네.

—함허 선사

납승이 손수 차 달여
내게 향기와 빛깔을 자랑하네
나는 말하노니 늙고 목마른 놈이
어느 겨를에 차 품질을 가리랴
일곱 사발에 또 일곱 사발
바위 앞 물을 말리고 싶네.

—이규보

마음의 양식, 소울푸드

 정신을 맑게 하는 간결한 음식, 소울푸드(Soul Food)가 우리의 식탁으로 조금씩 다가오고 있다. 소울푸드에는 어떠한 가식도 갖다붙여선 안 되고 기의 흐름을 끊어서도 안 된다. 소울푸드는 정신을 가다듬고 낱낱이 식재료를 들여다보고 식탁에 올려진다. 가공된 것은 배제하고, 버리지 않을 부분을 따져 복됨을 훼손해서는 안 되는 음식이다.
 소울푸드는 정갈하게 씻어야 하고 단순한 조리법으로 만들어야 한다. 조리시간을 아껴 마음의 정진에 힘을 쏟아야 하기 때문이다. 식재료를 준비한 이들을 위한 기도가 이루어져야 하고, 조리가 끝나고 나면 반드시 시방의 모든 부처님께 공양을 올려야 한다. 일상적인 음식이라 해도 복된 분에게 먼저 올려 공덕을 쌓은 뒤 내려 먹어야 한다. 절집의 사시공양이 법공양으로 이루어지는 까닭과 같은 맥락이다.

음식을 먹을 땐 소식으로 적당한 양을 먹도록 습관을 들여야 한다. 골고루 음식을 집어야 하고 다른 사람들을 고려해서 고루 분배하고 남겨야 한다. 남들보다 먼저 음식을 든다 하여 좋아하는 음식을 많이 먹는 것은 진정한 소울푸드 문화가 아니다. 다른 이로 하여금 나보다 먼저 먹게 하는 것이 더 현명하다.

먹고 비운 그릇은 반드시 자신의 손으로 씻어 다른 이에게 수고로움을 끼쳐서는 안 된다. 그릇을 비우고 나서 주변을 정리하는 데까지 함께 동참하여야 한다. 그런 뒤 밖으로 나와 조용히 걸음을 옮기며 먹은 음식물이 잘 소화되도록 살펴야 한다. 마음으로 위장을 관하여 위액이 잘 분비되어 음식물이 소장까지 안전히 내려가도록 하고, 오장육부를 진심으로 축복하며 그 역할을 훌륭히 수행하도록 격려한다. 마지막으로 장까지 관하여 배설을 위한 준비를 살피고 다음날 아침 반드시 같은 시간에 용변을 볼 수 있도록 습관을 키운다.

우리 마음은 신체의 조종자이다. 몸은 마음을 따라 움직인다. 삼라만상을 만들고도 남을 마음이 신의 성품 그대로 생명체에 깃들어 있는 것이다. 그러나 육신을 조종하는 마음을 지금 사람들은 스스로 챙기지 못한다. 음식을 먹고 영양분을 축적하여 신진대사를 운행하는 우리 신체에 질병이 찾아들고 있다. 이제 우리에게는 영혼을 일깨우는 음식 이야기가 필요하다.

먼저, 매 끼니마다 이렇게 자신의 몸속을 관하고 세포들에게 자비와 사랑을 주어 질병으로부터 보호할 수 있도록 강력한 에너지를 스스로 만들어야 한다. 음식을 먹고 나서도 모든 게 끝난 것이 아니다. 두 시간이 지나면 차를 마시며 운기(運氣)를 도와주고 기운동을 통해 소주천(小周天)을 돌려 몸의 흐름이 원활해지도록 도와야 한다. 주천(周天)을 돌리고 수련한 후 고요히 앉아 명상에 몸을 맡겨야 한다. 마음챙김을 하지 않으면 소울푸드의 기운은 오래 지속되지 못한다.

좋은 영양분이 몸의 구석구석에 전달되어 질병도 없고 불협화음도 없는 몸이 되도록 살핀다. 불편한 곳은 계속 마음으로 관하여 들여다보며 한 꺼풀씩 편하게 벗겨주어야 한다. 음식을 잘못 먹었을 경우 반성한 뒤 다음 끼니를 굶어 스스로 단죄를 시행하고, 배고픔의 고통을 통해 음식의 소중함을 깨닫는 것이 올바른 소울푸드 문화이다.

음식은 자연이 준 고귀한 선물이다. 제대로만 먹으면 약 안 되는 것이 없으니 건강을 위한 다른 수단이 필요치 않다. 소울푸드는 음식을 통해 도(道)와 연결될 수 있게 해주는 즐거운 식사문화이다. 기도와 운동을 병행하여 자신의 몸에 좋은 말을 되새기며 탁한 기운이 들어서지 못하게 방패를 잘 세우는 것이 바람직하다. 바른 생각으로 자신의 마음을 다지고 바른 행동으로 자신의 업을 정화하면서 삶이 더욱 평안해지도록 원력을 가지고 발원해야 할 것이다.

밖에서 음식을 사먹을 일이 있을 경우에는 자신에게 알맞은 음식을 고르고, 내 몸에 들어와 좋지 않은 성분들은 바로 배설되도록 명을 준다. 우리 신체의 기능이 건강하기만 하다면 세포들은 이물질과 노폐물이 쉽게 몸에서 빠져나가도록 알아서 움직인다. 이렇듯 우리 몸의 장기들은 스스로 할 일을 찾아서 온전하게 자신의 역할을 수행하지만, 좋은 에너지를 가지고 있지 않으면 침입자에게 정복당하고 만다. 몸에 필요한 영양소를 공급하는 것은 음식이지만, 잘못 먹은 음식은 나중에 몸을 망친다.

정신이 맑고 건강해야 좋은 영양소를 잘 받아들일 수 있다. 정신이 산란하고 분주하고 불안정하면 몸의 균형이 깨지기 쉽다. 현대인의 정신에 무거운 부담을 주고 있는 스트레스는 성품이 잘 다듬어지지 않은 데에서 기인한다. 자신의 성품을 잘 가꾸고 있거나 방패를 잘 만들어 상처받지 않는 견고한 마음을 지니고 있으면 스트레스를 스스로 조절할 수 있다. 많은 사람들이 스트레스를 해소하는 것보다 그냥 견뎌내는 게 더 수월하다고 여긴다. 시간과 노력을 들여가면서 스트레스 해소법을 실천하는 것이 오히려 번거롭다고 생각하기 때문이다. 그러나 이런 자세는 스스로 노력하지 않고 그저 밖에서부터 해결되기를 바라는 의존적인 태도에 자신을 길들이는 셈이다.

최근에 삶을 진지하게 성찰하고 정신의 깨우침을 도모하는 이들이 많아지면서 소울푸드가 더욱 주목받고 있다. 먹을거리를 생산하는 사람들은 건강한 땅을 일구고 신선한 공기를 만들기 위해 오염물질을 사용하지 않고 작물을 길러야 한다. 농약도, 화학비료도 없이 거름과 목초액만으로 농사를 지어보면 채소가 예상보다 상당히 잘 자란다는 것을 알 수 있다.

산에서 산야초 등을 얻는 이들은 더 많은 베풂을 실천하여야 한다. 자연에서 거둔 것만큼 돌려주기 위해 씨앗을 뿌리고 잘 보전되도록 살피고 보호해야 한다. 장사꾼이 이익 챙기듯 자신의 몫을 위해 모조리 싹을 없애는 식의 채취를 해선 안 된다. 그렇게 되면 우리의 산야는 머지않아 황폐해지고 말 것이다. 자연에 기대어 사는 생명체들은 무진장 많다. 인간 아닌 자연물이 모두 인간의 전유물이 아니라는 것은 당연하다. 이 모든 생명체들의 생존을 위해 우리는 우리 자신의 생명을 돌보는 마음으로 노력해야 한다. 어떤 기쁨이든 이웃과 함께 나누면 두 배가 된다는 사실을 기억하자. 이것 역시 소울푸드의 중요한 덕목이다.

　　채식의 물리적인 효과만 해도 인류 문명에 유익한 영향을 줄 것이다. 채식이 사람의 성격에 가져다주는 변화와 정화효과는 인류에게 대단히 유익하다. 그러므로 채식을 택하는 것은 매우 상서롭고 평화로운 것이다. 능력이 닿는 한 모든 생명체를 도와준다는 충동에 순응하고, 살아 있는 모든 것을 해치는 행동으로부터 멀어질 수 있을 때에만, 인간은 윤리적이라 할 수 있다. 우리의 임무는 살아 있는 모든 생명체에게까지 우리의 연민의 정을 넓혀 우리 자신을 자유롭게 하고, 아름다운 자연을 온전히 끌어안는 것이다.

—알베르트 아인슈타인

　　인간은 자신과 마찬가지로 다른 생명체 또한 살려고 애쓴다는 것을 자기 안에서 경험한다. 그래서 그는 생명을 유지하고 생명을 증진하며 생명을 고양시키는 것을 선으로, 반대로 생명을 파괴하고 생명에 해를 끼치며 생명을 억압하는 것을 악으로 본다. 이것이야말로 도덕의 절대적이고 기본적인 원리이다.

—알버트 슈바이처

식탁
위의
명상

절집의 향기 양념

 절밥을 처음 먹어보는 사람은 절밥이 이렇게 맛있을 줄 몰랐다는 말을 하곤 한다. 반면에 절 음식이 맛이 덤덤하고 양념이 덜 들어갔다고 오해하는 사람들이 간혹 있다. 현대인들은 양념에 대한 편견을 버릴 필요가 있다. 원래 기본적으로 간이 맞으면 음식이 완성된다. 미각을 보다 좋게 하기 위해 음식에 양념을 쓰는 것인데 그 양념 중에서도 냄새가 강한 것들을 최대한 생략하면 자연히 음식에서 담백하고 순일한 맛이 나게 마련이다.

 한식엔 한식 재료가 쓰이고 사찰음식엔 사찰음식 재료가 쓰인다. 각 음식마다 독특한 향기를 지니는 것이다. 낯선 문화권의 음식을 접했을 때 냄새 때문에 음식 먹기를 불편해하는 경우가 종종 있다. 그러나 상대방의 문화를 제대로 들여다보고 이해하다 보면 음식에 대한 불편한 거리감이 사라진다. 마음을 열고 다가가면 그 음식이 반갑고 좋은 음식이 된다.

세간의 음식에 쓰이는 양념류는 나라마다 풍토와 기후에 맞게끔 다양화되어 있다. 더운 지방에서는 음식의 부패를 막기 위해 향신료가 쓰이고, 추운 지방에서는 열을 발산시키는 향신료가 쓰인다. 더러는 나쁜 냄새를 없애고 식욕을 돋우기 위해 쓰이기도 하는데 우리나라도 예외는 아니다.

태국은 물에 석회 성분이 많은 편이어서 뱀의 쓸개를 먹어줘야 세포의 원활한 활동을 유지할 수 있다고 한다. 러시아는 기온이 낮아 몸의 온도를 유지시키기 위해 보드카를 자주 마신다. 우리나라는 특히 마늘이 양념의 대표선수 격이다. 각 문화권마다 독특한 맛과 향, 색을 지닌 식물의 잎이나 꽃, 열매, 줄기, 더러는 껍질이 다양한 향신료로 사용되며, 뿌리 등을 말려서 분말 형태의 양념으로 사용하기도 한다.

잎이 향신료로 쓰이는 식물에는 파 · 파슬리 · 부추 · 고수 · 민트 · 바질 · 오레가노 · 딜 · 아니스 · 월계수 · 마조람 · 로즈메리 · 타임 · 세이지 · 차이브 · 펜넬 등이 있다. 꽃에서 향신료를 얻는 식물에는 터키의 사프란 · 샐비어와 허브 종류가 해당되고, 고추 · 파프리카 · 후추 · 깨 · 산초 · 코코넛 · 겨자 · 팔각 등은 열매에서 향신료를 얻는다. 줄기에서 향신료를 얻는 것에는 레몬그라스 등이 있으며, 계피 · 느릅나무는 껍질이 사용된다. 마늘 · 생강 · 고추냉이 · 심황 · 황기 · 양파 등은 뿌리를 쓰는 식물이다. 딜과 같은 식물은 포기 전체에서 독특한 향이 나기 때문에 꽃 · 잎 · 줄기 · 열매를 모두 향신료로 사용할 수 있다.

한대 지방의 음식은 담백하고 싱거운 편이며 생선과 유제품을 이용한 음식이 많고, 온대 지방에서는 조리법이 발달되어 곡류와 채소를 이용한 음식이 많다. 열대 지방에서는 음식에 기름을 많이 사용하고 과일과 향신료도 자주 쓰인다.

사찰음식은 오신채(마늘·파·부추·달래·홍거)를 넣지 않고 정갈하고 담백한 맛을 내므로, 양념에 길들여진 일반인에게는 다소 생소한 음식이다. 절 음식은 재료 본래의 향미를 살릴 수 있게 양념을 되도록 쓰지 않는다. 따로 무언가로 포장하지 않더라도 절 음식은 이미 웰빙을 실천하는 수단이다. 가장 자연스러운 음식이기 때문이다. 외식문화와 지나치게 많은 첨가물에 절어 있는 오늘날 우리의 음식문화를 바라보노라면, 이제 밥상을 새로운 마음으로 다시 차려야 할 시대가 왔음을 깨닫는다.

세간에서는 미각을 돋우기 위해 갖은 양념류를 쓰지만, 사찰음식에서는 양념을 쓰지 않으면서도 자연이 가진 맛을 그대로 살림으로써 미각을 돋우는 방법을 발전시켜왔다. 자연의 맛과 향기로 식탁을 다시 차려내보자.

다시마

절집의 국물 맛을 책임지는 다시마는 표고버섯과 종종 함께 쓰인다. 표고와 다시마를 같은 양만큼 넣어 물을 붓고 10분 정도 끓여서 건더기는 건져내고 국물만 쓰는데 맛장을 만들 때는 집간장을 역시 같은 양만큼 넣어 함께 끓인다.

다시마는 해조류로 미네랄의 보고다. 비타민 E, 칼슘, 회분 등이 많이 함유되어 있어서 사찰음식에서는 요긴하게 쓰인다. 다시마가루는 잡채나 전분이 들어가는 음식에 고루 사용된다. 다시마는 물에 담그면 부드러워지는데, 식물성 섬유의 일종인 수용성 다당류 중 특히 알긴산을 함유하고 있다. 알긴산은 장내에서 담즙산을 흡착시켜서 장벽에 재흡수되는 것을 막아준다. 알긴산은 칼륨염의 형태로 해조에 함유되어 있다. 칼륨은 혈압을 저하시키는 효과가 있다. 알긴산은 체내에 흡수되지 않는 물질로 나트륨과 함께 배설된다. 칼륨은 체내에 남아 요긴하게 쓰인다.

표고버섯

절집 국물의 감칠맛을 내는 데 기본 요소 중 하나인 표고버섯의 성분은 콜레스테롤 수치를 떨어뜨리고 혈액순환을 도우며, 고혈압과 동맥경화증을 예방한다. 또한 기를 왕성하게 하고 피부를 윤택하게 하며 감기를 치료하고 피를 깨끗하게 한다. 칼로리가 없는 반면에 소화효소와 대사에 탁월한 비타민 B_1, B_2가 함유되어 있다. 시원한 맛을 내는 데도 좋을뿐더러 모든 재료와 궁합이 잘 맞는다. 거슬리는 맛이 없어서 담백한 입맛을 원하는 채식가에게 안성맞춤이다. 표고버섯가루는 강된장(비빔용 된장)이나 초장, 각종 국물 내기와 비빔음식에 쓰인다.

검은콩

검은콩은 약콩이다. 쥐눈이콩이라고도 하는데, 쥐눈처럼 반짝거린다고 해서 이런 이름이 붙여졌다. 블랙푸드(black food)의 대표 곡식으로, 발모와 피부 윤기에 좋다. 노화 방지에 효과가 있고, 고운 목소리와 매끄러운 피부, 건강한 뇌를 형성하는 물질이 함유되어 있다. 기관지를 강화하고 내장의 점막도 튼튼하게 한다. 기침에 묘약이라고도 한다.

검은콩은 해독작용과 혈액 정화작용이 탁월하며, 각종 효소(아스파라긴, 레시틴, 우레아제)를 함유해서 간장과 신장의 기능을 돕는다. 혈액이 정화되면 혈관이 깨끗해져서 피부의 얼룩과 여드름도 개선된다. 리신, 트립토판 등의 아미노산이 풍부한 효소와 함께 몸의 냉증도 없앤다. 정력 증가와 불감증에 효과가 있으며, 모유를 잘 나오게 한다.

불린 날콩을 갈아 국물에 넣으면 고소하고 시원한 맛을 내는데, 들깨가루가 들어가는 찜요리와 국에 넣어 먹기도 하고, 밀가루 음식에 부족한 단백질을 보충하기 위해 넣기도 한다. 검은콩은 표고와 다시마, 생강, 집간장을 넣고 끓여 조림간장으로 만들어놓고 간 보기에 모두 쓸 수 있다.

계피

계피는 사실 자연산을 구하기가 어렵다. 나는 향을 만드는 스님에게서 구해 쓰는데, 자연산 계핏가루는 피자나 향을 내고 싶은 음식에 쓰인다. 머리를 맑게 하고 코 막힘을 해소하는 향신료이기도 하다.
마음을 안정시키고 싶을 때 계핏가루를 첨가해서 먹어보라.

들깨

들깨는 참깨와 더불어 많이 쓰이는 조미료로 찜음식에는 빠지지 않는다. 들깨 자체는 점착력이 약해서 쌀가루와 같이 쓴다. 참깨는 성분이 냉하나 들깨는 열성이라서 여름에 찜요리에 쓰인다. 몸이 냉한 사람은 들깨를 오래 먹으면 냉병이 사라진다. 수족냉증이 있는 이들은 들깨를 꿀에 재어 매일 차로 마시면 몸이 따뜻해지고 혈색이 환해진다. 겨우내 들깨차를 꾸준히 마신 한 사람은 그 덕에 얼굴의 잡티가 벗겨지고 윤기가 나는 고운 피부가 되었다.

솔잎

솔잎가루도 조미료로 쓰인다. 쓴맛이 강해 많이 넣을 수 없어서, 볶음요리나 걸쭉한 국물요리에 아주 조금씩 넣어 먹는다. 솔의 효능은 백문이 불여일견으로 고혈압 환자에게는 명약이다. 솔은 혈압을 끌어내리는 효능이 있다. 매일 생솔잎을 요구르트에 갈아 마시면 상당한 혈압 강하를 경험할 수 있다. 절에서는 송편을 찌거나 송이를 구울 때 솔잎을 밑에 깐다.

제피(초피)

제피는 씨를 뺀 열매의 껍질을 말려서 갈아, 그 가루를 무침이나

찌개에 양념으로 쓴다. 나른한 봄날, 제피가루가 들어간 겉절이는 입맛을 사로잡는다.

녹차

 녹차는 발효를 중지시켜 만든 것으로, 비타민C가 파괴되지 않게 만들어야 제 맛이다. 녹차의 독특한 쓴맛과 떫은맛은 타닌 등의 카테킨류, 단맛은 아미노산, 향기는 알코올류와 유기산 등이 작용한 결과이다. 카페인 등의 알칼로이드류는 각성작용과 이뇨작용을 하며, 대뇌와 중뇌를 자극하여 일시적으로 피로를 풀어 졸음을 도망가게 해준다. 카페인은 근육의 기능을 활성화시키고 혈액의 흐름을 조절하여 강심제의 역할도 한다. 혈압을 일시 저하시키기도 하고 위를 자극하여 위액의 분비를 촉진한다. 타닌은 세균의 발육을 억제한다.
 녹차가루는 색소를 입힐 때도 많이 쓰이는데, 녹차칼국수, 녹차떡, 각종 전, 찜 등에 첨가한다. 녹차를 오래 먹으면 냉병에 걸릴 수 있으므로 뜨거운 물에 짧은 시간 우려야 하고, 한 번 우린 녹차는 시간이 오래 지난 후 다시 재탕하지 않아야 한다. 먹은 자리에서 끝내야 한다는 이야기다. 비타민이 부패되면 얻는 것보다 잃는 것이 많아진다. 잠자기 전에는 차를 마시지 않는 게 숙면을 돕는다.

 이 외에 참기름과 들기름, 산초기름, 참깨, 검은깨, 능이버섯가루 등이 두루 쓰인다.

　　다시마는 귀천을 막론하고 모두가 즐기는, 입맛을 돋우는 음식이다.

―『고려도경』

　　다시마는 담을 없애고 소변이 잘 나오게 한다.　―『동의보감』

　　뼈마디에 한습(寒濕)이 있어 저리고 아픈 것을 치료하고자 할 때에는 초피 열매를 달여 먹거나 알약을 만들어 먹어도 다 좋다.

―『동의보감』

　　솔잎은 송모(松毛)라고 불리며, 독이 없고 모발이 나게 한다. 오장을 편안케 하며 배고프지 않게 하고 천 년을 연명할 수 있게 한다.

―『본초강목』

　　솔잎은 오장인 간, 심, 비, 폐, 신의 기능을 편안하게 하고 열의 편재를 제거하는 작용도 한다. 이것을 지속적으로 복용하면 몸동작이 점점 가벼워지고, 나이를 먹어도 늙지 않으며 젊게 살 수 있다.

―『신농본초경』

　　솔잎을 오랫동안 생식하면 늙지 않고 원기가 왕성해지며 머리가 검어지고 추위와 배고픔도 모른다.

―『향약집성방』

차는 머리를 맑게 하고 소변을 잘 보게 하며 소화에 도움이 된다.

—『동의보감』

들깨는 몸을 덥게 하고 독이 없고 기(氣)를 내리게 하며 기침과 갈증을 그치게 하고 간을 윤택하게 해 속을 보하고 정수(精髓, 골수)를 메워준다.

—『동의보감』

검은콩을 까맣게 볶아 술에 담가놓고 조금씩 마시면 적풍(賊風, 외부에서 들어오는 나쁜 기운)과 풍비(風痺, 저림증), 산후냉혈증에 좋다.

—『향약집성방』

검은콩은 성질이 따뜻하고, 맛은 달며, 독이 없다. 약으로 쓰면 더 좋다. 신장병을 다스리며 기를 내려 풍열을 억제하고 혈액순환을 활발히 하며 독을 푼다.

—『본초강목』

표고버섯은 기(氣)를 도와주고 허기를 막으며 피를 잘 통하게 해 풍(風)을 고치는 작용을 한다.

—『동의보감』

다양한 소스 이야기

　전통적인 사찰음식에는 소스가 없다. 그러나 고추장, 간장 이외에 채식을 이용하여 소스를 개발하는 것이 가능하다. 또 견과류를 이용해서 소스를 만들면 영양을 보충할 수 있다. 소스가 있으면 맛도 더 좋아지고 향도 좋아지며 보기에도 좋다.

　전통만 고수한다고 좋은 게 아니다. 조금씩 변화를 주면서 발전시켜야 한다. 아무리 오래된 전통적인 음식이라 해도 기호에 맞아야 사람이 먹는다. 내가 오감을 느끼고 맛에 취해서 식욕에 대한 행복감을 느껴야 음식이다. 그래야 전통이 지속될 수 있다. 바탕은 그대로 두고 색다른 맛을 자연스럽게 가미해서 기호에 맞춘다면 옛날에 먹던 그 음식을 현재에도 여전히 먹을 수 있다.

　우리의 전통음식은 기다림의 음식이라고 할 수 있다. 찌고 숙성시키고 발효시키는 공정을 거친다. 제 본성이 다 우러나올 때까지 기다리는 음식이 우리 음식이다. 그러나 하루하루가 바삐 돌아가는 현대사회에서 이런 음식을 본래 공정대로 만들기 위해서는 현실적으로 시간이 부족하여 제대로 맛볼 수 없다. 맛도 공정도 현대에 맞게 어느 정도 변화를 가미하면 모든 이들이 부담 없이 사찰음식을 맛볼 수 있게 되고, 사찰음식에서 말하는 식문화를 구체적인 일상으로 가져와 건강한 식생활을 영위할 수 있게 된다.

절집에서 소스는 생소한 주제이긴 하지만, 사찰음식을 강의할 때마다 하나씩 새롭게 만들어지는 것이기도 하다. 게다가 우리나라는 과일이 항상 끊이지 않는 곳이기 때문에 소스를 만드는 데 좋은 환경을 가지고 있다. 절집에서의 소스 만들기는 주로 버섯, 야채 등을 색다르게 먹기 위한 시도이다. 소스를 만들다 보면, 가공식품으로 많이 나오는 기존의 소스 대신 좋은 식재료를 가지고 직접 만들어 먹는 보람과 즐거움을 느낄 수 있다.

마음에 거슬림 없이 만드는 음식이야말로 음식을 만드는 주요 컨셉트가 되어야 할 것이다. 꽃의 향기에 취해도, 열매의 튼실한 결실을 만나도 항상 행복한 마음이 우선이다. 먹는 즐거움을 만끽하기 위해 자신의 수고로움을 기꺼이 나누는 자애심의 자세가 필요하다. 생명의 존귀함을 생각하면서 자신을 향상시켜가는 정진의 마음으로 모든 것에 임한다면 너와 내가 둘이 아님을 곧 깨닫게 된다.

기본 채식소스

　기본 재료인 두부와 견과류, 올리브유, 소금, 샐러리를 믹싱하면 기본적인 채식소스가 만들어진다. 견과류는 기본 채식소스에 필수적으로 쓰이지만 텁텁하지 않도록 양을 조절해야 한다. 호두와 잣, 땅콩을 모두 합해 한 숟가락 분량이 넘어서는 안 된다. 더러는 호박씨나 해바라기씨를 사용하기도 하지만 선호도가 떨어지는 편이다.

오렌지소스와 그 밖의 과일소스

　오렌지소스는 마요네즈의 대용으로 탁월하다. 마요네즈는 우리 주변에서 손쉽게 사용할 수 있는 재료이지만, 사찰음식 특유의 자연스럽고 담백한 맛을 퇴색시키는 경향이 있다.

　오렌지는 껍질을 써야 하므로 숯물에 한 시간가량 담가서 농약을 제거한다. 숯가루가 없을 경우에는 식초물에 담근다. 칼로 오렌지 껍질만 얇게 저민다. 두부 한 모의 4분의 1을 삶아 으깨고 작은 숟가락으로 올리브유 한 술, 소금, 흑설탕 한 큰술, 견과류 한 큰술, 2배식초 한 큰술, 샐러리 4분의 1개, 씨와 속껍질을 제거한 오렌지 반쪽과 미리 저며놓은 겉껍질을 함께 믹서에 갈아 소스로 낸다.

　오렌지 껍질을 갈아 즙을 내어 생크림과 기본 채식소스를 가미하고, 키위를 강판에 갈아 소금과 함께 넣으면 근사한 소스가 만들어진다. 야채가 많은 샐러드에 얹을 소스를 만들 때는 오렌지와 생크림과 기본 채식소스만 넣어서 사용한다.

　오렌지 이외의 다른 과일들도 소스로 만들 수 있다. 멜론은 물이 많기 때문에 믹서에 갈아 불 위에서 졸인 다음 기본 채식소스에 혼합해서 사용한다. 배와 바나나는 함께 믹싱해서 소금만 넣어도 소스가 된다. 딸기가 많은 철에는 기본 채식소스에 딸기와 생크림만 넣어도 훌륭한 소스가 된다.

밤소스

요사이 많이 나오는 퓨전식 절밥이 새로운 음식에 대한 아이디어들을 만들어내게 한다. 생밤을 갈아서 묽게 끓여 조청만 조금 가미해도 근사한 밤소스가 된다. 떡이나 만두 위에 얹어 먹어도 어울린다.

은행소스

은행은 구워서 소금을 뿌려 보조식으로 내거나 모양을 내기 위해 주로 쓰이지만, 은행을 갈아서 두유와 조청을 조금 넣고 믹서에 갈면 훌륭한 소스가 된다.

검은콩으로 만든 소스

검은콩은 일반 콩에 비해 노화 방지 성분이 많고 성인병 예방과 다이어트에 효과가 있을 뿐만 아니라, 검은깨와 함께 믹싱하면 검은색 소스를 만들 수도 있다.

나물류로 만든 소스

참나물은 기본 채식소스에 첨가하기만 하면 된다. 도라지도 기본 채식소스에 넣으면 도라지 샐러드에 어울리는 소스로 쓸 수 있다. 더덕은 향이 너무 강해 소스 재료로는 적합하지 않다.

향긋한 저장음식 장아찌

저장음식의 중심에 장아찌가 있다. 식탁에 오를 때마다 옛 맛과 정취를 느끼게 해주는 반찬이 장아찌다. 장아찌는 주로 겨울 음식으로 먹는 경향이 있지만 사실 여름까지도 계속해서 먹을 수 있는 음식이다. 늦가을 김장을 하며 오이, 무, 마늘 따위의 야채를 간장이나 소금물에 담가놓거나 된장, 고추장에 박았다가 조금씩 꺼내 양념하여 오래 두고 먹는 장아찌는 요사이 젊은 세대들에게 생소한 음식일지도 모르나 막상 입맛을 들이면 맛있게 먹을 수 있는 음식이다. 더욱이 우리 몸에 쌓여 있는 염분의 찌꺼기를 배출시키는 작용도 하는 유익한 음식이다.

가을에 풍성한 버섯도 장아찌로 변신할 수 있고, 노란빛으로 물든 민들레도 시들하게 말려 간장에 담가놓으면 장아찌가 될 수 있다.

민들레는 쌉쌀한 맛이 일품이면서도 고들빼기보다는 부드러운 맛이 난다. 장아찌를 잘 만들기 위해서는 간장과 고추장과 소금 맛이 좋아야 한다. 집간장에 다시마와 표고버섯과 물을 붓고 달인 뒤 소주를 넣으면 장아찌 간장이 만들어진다. 그 안에 무를 말려 넣기도 하고 끝물 고추를 넣어 숙성시켜도 된다.

능이장아찌

능이도 가을 장아찌의 백미다. 맛 좋은 고추장에 한 달간 담가놓는다. 그 좋은 능이 향을 맛이 떨어지는 고추장에 박아놓는다면 안타까운 일이다. 최근 들어 능이가 좋다는 소문이 널리 퍼지니 이젠 능이 값이 송이를 앞지른다. 그래도 가을엔 능이장아찌를 담가놓아야 마음이 넉넉해지는 것 같다. 산해진미가 부럽지 않은 능이장아찌 맛을 아는 이는 모두 동감하며 고개를 끄덕인다.

깻잎장아찌

여름비에 쑤욱 자란 깻잎들이 줄기가 튼튼하게 자라, 태풍을 견디고 한로를 넘기면 노랗게 단풍이 든다. 병충해 없이 잘 자란 깻잎을 뒷면을 살피며 한 장씩 차곡차곡 고이 모아 흐르는 물에 씻어서, 먼지를 털어내고 채반에 널어 물기를 말린 뒤 백 장씩 묶어 장아찌로 익힌다.

절집 간장에 절인 깻잎장아찌는 별다른 양념을 쓰지 않아도 깻잎의 향이 진하게 나기 때문에 겨우내 두고 그냥 먹을 수 있는 저장식품이다. 깻잎을 깨끗이 씻어 물기를 뺀 후 양조간장과 집간장을 8대 1 비율로 섞는다. 깻잎을 켜켜이 용기에 담고 장물을 붓는다. 일주일이 지난 후 간장을 끓여 식혀서 다시 붓는다.

단풍깻잎은 부드러울 때 백 장씩 묶어서 소금물에 우린다. 양조간장 여덟 큰술에 집간장, 물엿, 콩 삶은 물, 맛술 각각 한 큰술, 고춧가루와 통깨 두 큰술을 넣고 잘 섞어 양념장을 만든다. 잘 삭은 깻잎을 두 장씩 겹쳐놓고 양념장을 고루 발라서 용기에 담는다. 이렇게 만들어진 장아찌는 바로 먹어도 된다.

콩잎장아찌

콩잎은 부드러울 때 따서 반찬으로 쓴다. 콩의 효능을 고스란히 간직한 콩잎은 쪄서 쌈채소로 먹거나, 소금에 절인 후 우려내어 양념장을 발라 저장식품으로 먹는다. 된장절임콩잎으로 만들어 먹으면 양념장을 바른 것보다 더 깔끔한 맛이 난다.

콩잎을 깨끗이 씻은 후 물기를 제거한다. 집된장 한 큰술에 흑설탕 한 큰술과 사이다를 적당히 넣어 섞는다. 용기에 콩잎과 장물을 켜켜이 넣고 물기가 마르지 않도록 콩잎을 푹 담근다. 20일 후부터 먹을 수 있는데 짜지 않게 담그기 때문에 담백한 맛을 즐길 수 있다.

가죽장아찌

4월 말과 5월 초에 가죽나무의 연한 순을 따서 가죽장아찌를 담근다. 오래 두고 먹을 것은 소금물로 간을 해서 하룻볕에 물기가 완전히 마르도록 말리고, 한 달 안에 먹을 것은 물기를 뺀 상태에서 고추장 양념을 해서 밑반찬으로 먹는다. 가죽은 첫물 가죽순이 부드럽고 향이 짙다. 색깔이 불그스름해야 맛있는 참가죽이다. 더러 푸른색이 진한 가죽도 있는데, 비릿하고 맛도 없으니 살 때 주의해야 한다.

집간장 한 국자에 고추장 한 국자, 물 한 국자를 넣고 끓이면 양념이 만들어진다. 양념이 끓기 시작하면 조청 한 국자를 넣고 다시 끓인다. 식은 뒤 가죽에 넣고 버무리면 되는데, 양념이 되직하게 되어야 한다. 너무 묽을 경우 고춧가루를 넣으면 된다. 냉장 보관을 해야 맛이 변하지 않는다.

고추장아찌와 무장아찌

농약이 없는 고추밭은 해마다 일찍 병이 든다. 아무리 목초액을 뿌려대도 탄저병은 오염된 비가 내린 후 어김없이 나타나는 복병이다. 비가 잦은 7월이 지나고 고추는 뙤약볕에서 다시 한 번 시련을 견뎌내야 한다. 여름볕의 고열은 고추를 시들하게 괴롭힌다. 가끔 시원스레 뿌리는 소나기가 그나마 열기를 식혀준다. 꽃이 피면서 탄저병은 기승을 부리고, 서리가 오기 전 고추밭은 이내 노란 모습으로 변해버린다. 이 모든 시간을 버텨낸 고추를 찾아 따서 장아찌를 담근다.

고추는 서리가 내리기 전 끝물 고추를 따서 깨끗이 씻은 후 고추 끝을 바늘로 뚫어놓는다. 양조간장 한 되에 흑설탕과 소주 한 국자, 식초 반 국자 분량을 잘 섞어 장물을 만들어서, 용기에 고추를 담고 장물을 붓는다. 둥둥 뜨지 않도록 무거운 돌로 꾹 눌러놓는다. 고추가 잘 삭으면 김장용 무를 4등분하여 겨울볕에 꾸들꾸들하게 말려서 고추장아찌 장물에 같이 넣고 삭힌다. 고추를 다 먹을 즈음 무장아찌가 맛이 들어간다.

죽순장아찌

해마다 대나무밭에서 5월 단오를 지나 비온 뒤 올라오는 죽순은 더위를 식히는 식재료다. 죽순밥이나 지짐으로 흔히 조리하지만, 여름 더위로 입맛이 없을 때 죽순장아찌를 만들어 물밥에 얹어 먹으면 맛도 시원한 데다 빛깔도 보기 좋다.

죽순은 부드럽고 어린 것으로 골라 쌀뜨물을 넣고 껍질째 삶아서 찬물에 담근 후 껍질을 벗긴다. 밑동의 둥근 부분에 세로로 칼집을 넣어 분리한 뒤 항아리에 켜켜이 넣고 대나무 살로 떠오르지 않게 한 다음 그 위에 무거운 돌을 올려놓는다. 집간장에 물을 붓고 다시마와 표고를 넣고 10분간 끓인 후 뜨거운 김이 빠지면 바로 항아리에 장물을 붓는다. 일주일이 지나면 장물을 다시 끓여서 붓는다.

산초장아찌

산마다 밤송이가 벌어질 즈음 산초는 수확기에 접어든다. 산초는 산 초입마다 나 있어 쉽게 발견할 수 있는 산야초다. 완전히 여물기 전의 산초는 겨울나기용 차와 장아찌로 거듭난다.

채취한 산초는 소금물에 사흘 동안 담가놓았다가 깨끗이 씻어 물기를 서너 시간 빼고 장물을 준비한다. 집간장과 다시마와 물을 넣고 끓여 식기 전에 붓는다. 일주일이 지나면 송이를 함께 담가놓는다.

봄음식 — 천지의 기운이 키워내는 산야초 이야기

    몸의 생장 기운을 훼손하지 않고 질서를 지켜주는 음식이 계절음식이다. 우리 몸에도 절기가 있다. 겨울에 여름 참외를 먹으면 좋지 않다. 따뜻한 음식을 먹어야 한다. 반대로 여름에는 찬 음식을 먹어야 한다. 몸의 열을 끌어내려주기 때문이다. 봄과 가을엔 바람이 성하여 기관지가 상하기 쉽기 때문에 가래를 해소시켜주는 도라지 음식을 먹어야 한다. 이렇게 제철음식, 계절음식을 자연의 기운에 맞게 제때 차려내어 건강하게 먹는 것이 진정 건강한 식문화이다.

    봄에는 뭐니 뭐니 해도 나물이다. 항산화 음식의 대표격인 봄 새싹과 나물은 겨울의 휴면기 동안 침체됐던 몸과 마음의 기운을 북돋워준다. 서로 다른 빛깔을 지니고 자신만의 고유한 모습으로 땅을 뚫고 나와 자라는 식물들의 모습은 나른함을 극복하게 해준다. 또한 나물의 쓴맛은 침샘을 자극해서 입맛을 돋운다. 봄이 일구어준 나물들이 우리의 밥상을 풍요롭게 해주는 것이다.

마음이 여유롭다면 산에 올라 정기를 온몸으로 받아들이고, 자신이 산 한가운데 서 있음을 실감하면서 숨을 크게 쉬어보자. 피부의 땀구멍을 다 열고 호흡을 느끼노라면 나중에 몸이 어디에 있든 간에 마음만은 늘 산그늘에 머물 수 있다. 산과 들에서 봄나물을 만나며 이 계절의 기운을 한껏 즐기면 좋겠지만 그렇게 하기가 쉽지 않은 도시의 일상 속에서는 부족하나마 집 안에 작은 화분 하나 정성껏 키우는 것으로도 위안을 삼고 힘을 얻을 수 있다.

모두가 행복한 삶을 누리기를 바라는 마음으로 이렇게 축원해본다.

이 땅에 사는 모든 생명체들이 행복해지기를,
이 땅에 사는 불안한 이들이 하루빨리 안정을 되찾기를,
이 땅에 사는 병고에 시달리는 이들이 쾌유하기를,
이 땅에 사는 수험생들이 모두 건강하기를,
이 땅에 사는 장애가 있는 이들이 하루빨리 회복되기를,
이 땅에 사는 종교적 신념이 있는 이들이 서로 화합하기를,
이 땅에 사는 고통을 겪는 이들이 그 고통에서 벗어나기를!

머위

봄나물의 시작은 머위다. 겨울 기운이 남아 있는 땅을 뚫고 삐죽이 고개 내밀어 숨을 들이쉬는 머위는 땅보다 열기를 많이 지니고

있어 그 근처에 있는 눈이 모두 녹을 정도다. 먼저 씨앗이 맺힌 송이가 자라고, 뿌리는 땅속에서 제멋대로 갈래갈래 길을 뻗어 마디마다 잎을 맺는다.

발그레한 자홍색 부분이야말로 머위의 쌉쌀한 맛의 저장고라고 할 수 있다. 윤기가 넘치는 머위는 이른 봄에 사람들의 입맛을 사로잡는 밥도둑이다. 어린 머위는 생으로 초장을 해 먹거나, 살짝 데쳐서 간장에 무치거나, 집된장과 고추장을 같은 분량으로 넣고 참기름을 치면 훌륭한 나물이 된다. 잎이 큰 머위는 데쳐서 쌈으로 먹거나 쌈밥으로 변신할 수 있다.

머윗대는 5월을 지나면서 훌쩍 키가 크고 통통해지는데, 낫으로 베어온 머윗대를 가마솥에 물을 끓이고 무르도록 푹 삶아서 껍질을 벗겨내고 손으로 잘라 찬물에 담가 우린 다음에, 생들깨를 갈아서 깻국물을 만든 후 쌀가루를 녹여 넣어 찜요리로 먹거나 더러는 볶음나물로 먹는다.

산하에 널려 있는 머위들이 봄을 알리며 우리의 감각을 깨운다. 머위꽃은 진해거담제로 쓰이고, 머윗잎은 천식이나 기관지가 약한 사람에게 유익하다. 또한 생선 중독에 머윗잎과 줄기를 짠 즙을 마시면 효과가 있으며, 벌레 물린 곳에 머위즙을 발라도 효과가 크다.

머위차는 향기가 뛰어나서 잘게 손으로 으깨어서 세 번 덖은 다음 유념(덖은 찻잎을 비비는 것)한 뒤 차 봉지에 넣어두면 일 년 내내 즐길 수 있는 야초차이다.

냉이

성급하기 이를 데 없는 냉이는 꽁꽁 언 땅이 풀리기도 전에 싹을 내민다. 뿌리는 굵고 실해서 깊이 묻혀 있는데도 향은 주위를 진동시킨다. 냉이는 꽃이 피기 전에 채취해서 먹는 봄나물이다. 특히 간에 좋아 시력 향상에 도움이 된다. 이시노톨, 콜린, 후말산, 칼륨 등이 풍부하고, 비타민A · B · C가 많고, 그중 비타민 B_2 가 탁월하다.

냉이는 강력한 지혈제로도 쓰이고, 간장병, 신장병, 고혈압, 위장병에 효과가 있다. 약용으로 쓸 때는 전체를 말려서 차처럼 우려 먹거나 분말을 내어 생식으로 먹는다. 냉잇국, 냉이무침, 냉이튀김, 냉이전, 냉이밥, 냉이된장국 등 활용도가 많은 나물이다.

냉이는 꽃과 뿌리까지 산야초 효소에 쓰인다. 냉이 향을 좋아하는 사람은 차로 만들어서 일 년 내내 냉이 향을 즐긴다. 냉이를 뿌리째 잘게 썰어서 철솥에 넣고 손으로 비비면서 덖는다. 이때 타지 않도록 불을 조절하는 것이 중요하다. 열을 식힐 때는 부채로 바람을 일으켜서 식혀주어야 한다. 자칫하면 제 살을 익혀버려 청국장처럼 뜬다.

냉이튀김

냉이는 손질 후 잘게 썰어 당근, 마, 우엉, 감자, 피망, 고추 등 갖은 야채를 기호에 맞추어서 곁들여 튀긴다. 냉이만 튀길 때는 뿌리까지 전체를 한꺼번에 튀겨 접시에 담을 때 적당히 자른다.

냉이죽

입맛이 없을 때 냉이를 잘게 썰어 쌀과 함께 참기름을 넣고 볶다가 집간장으로 간을 하고, 표고버섯 우린 물로 죽물을 맞추어서 죽을 쏜다.

광대나물

광대나물은 지리산에서 가장 흔히 보는 봄나물인데도 요즘은 나이 든 사람들이나 기억하는 정도다. 광대나물은 독특한 섬유질을 지니고 있으며, 꽃 색깔도 매우 아름답다. 코딱지나물이라고도 하는 이 나물은 한 번 난 자리에 계속해서 나는 여러해살이식물이다. 꽃이 피기 전에 채취하여 끓는 물에 데쳐서 집간장과 깨소금과 참기름만 넣고 무치면 근사한 나물 반찬이 된다. 더러 된장무침을 해먹기도 하는데, 부드러운 나물은 간장 양념이 더 맛있다.

취나물

산나물의 대명사인 취나물은 그 향에 취할 정도로 맛이 좋다고 해서 취나물이다. 참취라고도 하는데, 잎에 윤기가 자르르 흐르고 세포들이 일정한 모양을 이루고 있는 점이 특징이다.

취 역시 절집에서 친근한 나물이다. 무치거나 생쌈으로 먹거나 취나물밥을 지어 먹는다. 약간 억센 취는 삶아서 김 위에 깔고 갖은 소채를 넣어 김밥을 말기도 하고, 말려서 일 년 내내 묵혀 먹는 묵나물도 된다. 도시락으로 쌀 때는 쌈밥으로 변신한다.

곤달비

강원도나 지리산에서나 볼 수 있는 곤달비는 백두대간의 1100고지에서 자란다. 양지보다 그늘을 선호하며, 강원도의 곰취보다 잎이 작고 여리다. 곤달비는 날로 쌈으로 먹을 때 향취가 뛰어나다. 그 향을 일 년 내내 즐기기 위하여 장아찌처럼 절여서 여름 한낮 물에 만 밥에 깻잎장아찌 먹듯 먹는다. 요즘은 시중에서 쉽게 구하기 어려워서인지 유기농 재배도 한다.

엄나무순

해동피라 불리는 엄나무는 엉개나무라고도 하는데, 어린잎을 나물로 먹는다. 오가피나무과에 속하며 속껍질은 신경통과 관절염에 쓰인다. 습기가 많은 곳에서 자라는 엄나무는 물속에 담가놓아도 습기가 침범하지 못하여 옛날 나막신을 만들 때 사용되었을 정도다. 차고 축축한 기운이 몸에 쳐들어와 생기는 질병에 쓰일 수 있는 식물이다.

엄나무순은 모든 나물 가운데에서도 백미로 꼽히며, 두릅보다 향이 뛰어나 엄나무순을 만나면 밥상을 이고 간다는 속담도 있다. 줄기에 온통 가시를 내밀고 있는데 이 가시는 줄기가 자랄수록 크고 강해진다. 집 안에 악귀가 들어오지 않도록 문지방 위에 매달아놓기도 하고, 유난히 밝은 빛을 발하여 캄캄한 밤에 산길을 걸을 때 눈앞이 보일 정도로 에너지가 강한 나무다. 다만 성품이 냉하므로 많이 먹으면 배탈이 난다.

엄나무순밥

쌀을 잘 불려놓는다. 표고버섯과 당근은 채썰어놓고, 엄나무순은 부드러운 순을 잘게 썰어놓는다. 밥이 끓기 시작하면 위의 재료들을 넣고 압력솥을 닫는다. 압력솥을 사용하지 못할 땐 처음부터 재료를 같이 넣고 밥을 짓는다. 진간장 한 큰술, 집간장 4분의 1큰술, 참기름, 깨소금, 풋고추 다진 것으로 맑은 양념간장을 만들어 곁들인다.

두릅

오가피과에 속하는 두릅은 인삼과 오가피의 친척이다. 두릅에는 단백질과 회분 성분과 심장을 튼튼하게 하는 물질이 있어서, 염증을 없애고 혈당을 낮춘다. 모든 산나물은 사포닌과 타닌, 콜린 정유(精油)를 풍부하게 함유하고 있어, 사람의 손에서 자란 재배식물과는 구성물질이 비교할 수 없을 정도로 우수하다.

다른 산나물들과 마찬가지로 공기만 달라져도 뿌리째 죽어버리는 두릅은 요사이 산에서 좀처럼 만나기 어려운 식물이 되고 있다. 한번 잘린 두릅은 죽은 것이나 마찬가지다. 다시 싹을 틔우지 못하기 때문이다. 두릅은 요즘 산동네 사람들의 재배식물로 변신하고 있다. 꾸러미로 엮인 채 제법 근사한 모양을 뽐내며 도시 사람들의 발길을 붙든다. 특히 뿌리가 당뇨에 좋다고 알려져 값이 비싸다.

두릅전

두릅은 파릇하게 삶아 물기를 빼고 집간장과 참기름에 버무려서 간을 한다. 밀가루에 전분과 간장을 넣고 잘 저어서 묽게 반죽한다. 프라이팬을 달구어서 기름을 두른 후 두릅을 가지런히 놓고 반죽물을 적당히 끼얹어서 노릇노릇하게 익힌다. 고추장 한 큰술, 식초와 흑설탕을 적당히 가미한 고추장 양념장을 곁들여 낸다.

두릅버섯초무침

두릅은 삶아 물기를 빼고 새송이는 끓는 물에 데쳐서 물기를 제거한다. 고추장 한 큰술, 식초 한 큰술, 깨소금, 고춧가루 반 큰술, 흑설탕 반 큰술로 양푼에 초장을 만들어놓고 두릅과 새송이를 무쳐 낸다.

들미순

들미순을 따기 위해 서너 시간 산행한 뒤, 지리산 오봉 자락의 상봉에 이르러서야 들미나무를 만날 수 있었다. 하늘에 닿을 듯 위로만 향하는 들미나무는 좀처럼 사람의 눈에 띄지 않는다. 모양새가 가죽과 두릅을 합쳐놓은 듯하다고나 할까? 물푸레나무와도 한집안인 듯 꼭 닮아 서로 혼동하여 잘못 알고 먹기 십상이다. 들미나무의 순은 부드럽고 단 데 반해, 물푸레나무순은 쓴맛이 난다.

들미순은 평생 한두 번이나 맛볼 수 있다고 할 정도로 귀한 나물이다. 들미나무는 보호수로 지정받은 나무이기에 함부로 베다가는 경을 칠 수 있다. 들미순은 '하동 사람들은 두릅 팔아서 들미나물 사먹는다' 라는 말이 전해올 만큼 맛이 고소하고 좋다. 데쳐서 곧바로 먹을 때보다 데쳐 말렸다가 다시 삶아 볶아서 먹는 것이 맛과 향이 더 좋다.

우슬순

우슬순은 쇠무릎지기라고도 부른다. 우슬순의 어린잎은 먹기에 부드럽고, 오래 씹으면 고소하다. 뒷면에 하얀 부분이 많다는 것은 인이 많이 함유되어 있음을 말해준다.

나물의 성질에 따라 간장·소금·된장·고추장·막장의 쓰임새와 조화가 각각 다른데, 예를 들어 비름나물은 간장 양념보다는 고추장에 막장을 섞어 무치는 것이 더 감칠맛나고, 볶는 나물은 집간장과 물과 기름으로 볶는 것이 맛있다. 우슬순은 된장무침으로 버무려 먹는 것이 맛이 담백하다.

방아

보라색 꽃송이가 탐스러운 방아는 봄부터 가을까지 먹는 산야초로 천연 토종 허브다. 따뜻한 성분으로 인해 장떡이나 된장과 호흡이 맞는다. 방아 향기가 돌담 위에 제멋대로 퍼질 때 나는 신선한 기운은 모든 탁한 기운으로부터 몸과 마음을 트이게 한다. 배초향이라는 예쁜 이름이 붙여질 정도로 향기가 유혹적인 이 풀은 겨울의 문턱에 와서야 소리 없이 고개를 숙인다.

가죽

봄나물이 제각기 향을 피울 때 나뭇가지마다 얼굴을 내미는 가죽순은 산자락 양지에서 향을 풍긴다. 가죽순은 오랫동안 민족의 음식으로 전래되어왔다.

갓 자란 가죽순은 부드러워서, 뜨거운 물에 데치지 않고 생순을 초무침으로 해먹는 편이 좋다. 줄기를 잘라낸 순으로 장아찌를 담그고, 잘라낸 줄기는 국물을 내는 재료로 쓴다. 부각으로 만들기도 하는데, 짭짤한 고추장부각은 찹쌀풀에 고추장을 섞어서 가죽잎에 묻힌 것을 말린 상태로 기름에 튀겨 반찬으로 내놓는다.

가죽나물국

가죽은 봄 한철 나오지만 살짝 데쳐서 냉동하면 일 년 동안 쓸 수 있다. 마른 표고와 다시마와 가죽대를 넣고 국물을 우려낸다. 가죽은 적당한 크기로, 감자는 납작하게 썰어서 국물에 넣고 끓인다. 집된장으로 간을 한다.

가죽겉절이

가죽순은 색깔이 붉은 것이 향이 좋다. 굵은 줄기는 잘라내고 연한 줄기와 잎을 쓴다. 연한 가죽순을 깨끗이 씻어 물기를 뺀다. 양념그릇에 고추장, 고춧가루, 감식초, 조청, 참기름, 깨소금을 넣고 집간장으로 간을 맞춘다. 새콤한 맛과 약간 달콤한 맛이 함께 난다.

쑥

 쑥이야말로 우리 민족과 가장 친숙한 나물이 아닌가 싶다. 이른 봄부터 나는 쑥은 음력 8월까지 우리 식탁에 오른다. 떡의 부재료로도 자주 사용되고 약리작용도 많이 갖추고 있다. 쑥은 미네랄과 비타민을 풍부하게 지니고 있으며, 정장작용도 뛰어나 변비에 효능이 있다. 장의 기능을 정상으로 유지할 뿐만 아니라, 공해물질과 노폐물이 머물지 못하게 내보내며, 혈액도 정화시켜준다. 소염, 지혈, 해열, 이뇨, 보온 등의 효과가 있는 유익한 식물이다. 어린잎은 주스로 먹어도 좋고, 몸이 냉한 이의 경우 쑥차를 만들어서 복용하면 수족냉증에 좋다. 위장이 약한 사람에게도 쑥차는 도움이 된다.
 옛 문헌에 따르면 쑥은 9월이 되면 채취하지 말라고 나와 있다. 9월의 쑥은 독성을 지니고 있어서 잘못 먹으면 시력이 상할 수도 있다고 한다.

쑥국

 어린 쑥을 깨끗이 씻어 문질러 쑥 향기가 나도록 한다. 먼저 표고버섯을 잘게 썰어 집간장을 넣고 익힌다. 표고와 다시마 우린 물을 넣고 끓이다가 쑥을 넣는다.
 쑥이 익으면 쌀과 들깨를 갈아 걸러 넣는다. 쑥국에는 된장보다 집간장으로 간을 해서 끓여야 쑥 향을 진하게 맛볼 수 있다.

쑥튀김

손질된 쑥은 물기를 제거하고, 밀가루 · 전분 · 소금으로 튀김옷을 만든다. 반죽이 되직하지 않게 농도를 잘 맞춘다. 얼음을 넣고 차갑게 하여 바삭하게 튀긴다. 쑥 하나씩 튀김옷을 입혀 튀겨내면 녹색의 산뜻한 쑥튀김이 된다.

산나물밥

봄나물은 산야초가 으뜸이다. 야생으로 자란 산나물은 생체에너지에 활력을 준다. 엄나무순, 취나물, 두릅, 생고사리, 머위, 표고, 두부 등의 재료를 준비한다. 솥에 쌀을 불려 안친다. 각종 나물을 깨끗이 씻어 손으로 적당히 잘라놓는다. 생표고는 얇게 썰고, 두부는 손으로 으깨어 밥을 짓는다. 양념장을 곁들여 낸다.

산야초그라탕

지리산에 토굴을 마련해 석 달 동안 선식가루와 청국장가루로 지낸 한 스님을 만났을 때 처음으로 만들어 내어놓은 음식이다. 쑥, 두부, 연근, 엄나무순, 방앗잎, 청 · 홍 고추를 준비한다. 어린 쑥은 잘게 썰고, 두부는 으깬다. 연근은 갈고, 엄나무순은 잘게 썰고, 방앗잎은 곱게 다진다. 청 · 홍 고추는 살짝 다진다. 찜기에 재료들을 고루 섞어서 쪄내면 된다. 산야초찜이라고 불러야 할 것 같지만, 마와 피자치즈를 약간 가미해 독특한 맛을 내는 요령을 고안해내어 이 음식에 산야초그라탕이라는 이름을 붙였다.

산야초마피자

감자피자를 만들다 새롭게 태어난 마피자가 산야초를 만났다. 봄에 나는 산채를 이용하여 건강에 좋은 피자를 만들 수 있다.

두릅, 표고, 더덕, 마, 감자, 피망, 취, 제핏잎, 흰 치즈 등을 재료로 준비한다. 두부, 견과류, 감식초, 소금, 올리브유, 흑설탕이나 조청, 샐러리 10센티미터를 믹싱하고 토마토를 졸여 채식소스를 만든다. 감자를 갈아 피자 도우를 만들고, 두릅은 데쳐 양념을 하고, 더덕은 잘게 부수어놓는다. 표고는 채썰고 취나물은 삶아 무친다. 토핑용 감자는 쪄서 으깨어놓는다. 도우에 채식소스를 바르고 으깬 감자를 얹는다. 두릅과 표고, 더덕, 피망, 취, 제핏잎을 토핑한다. 마를 갈아 흰 치즈와 함께 토핑하고, 토마토케첩으로 마무리해서 오븐에 굽는다. 으깬 감자와 산야초가 어우러진 웰빙 피자이다.

산야초콩물탕수

산야초콩물탕수는 산야초로 만드는 대표적인 퓨전음식다.

봄이 되면 두릅이 흔하고, 가을이면 더덕이 흔해진다. 흔하게 만나는 목이와 표고버섯, 그리고 친근한 식재료인 감자가 주재료이다. 그 밖에 두릅, 더덕, 목이버섯, 청·홍 피망, 가죽잎이 준비되면 물기가 잘 마른 생표고를 골라서 어슷하게 저미고, 감자는 깎아서 세로로 6등분한다. 두릅은 데쳐 물기를 빼 간을 해 무치고, 더덕은 4~5센티미터로 잘라서 소금을 뿌려놓는다. 목이버섯은 손질하여 잘게 찢어놓고, 청·홍 피망은 가로로 썰어둔다. 밀가루에 감자 전분과 고구마 전분을 반반씩 섞어 집간장으로 간한다. 프라이팬에 기름을 넉넉히 넣어 달군 후 튀김옷을 입혀서 감자부터 튀겨낸다. 더덕, 표고, 두릅, 가죽도 튀기는데, 두 번 튀겨야 바삭하다. 불린 콩을 한 술 갈아서 물을 넣고 끓이다가 매실초와 집간장을 넣고 끓인다. 목이버섯과 청·홍 피망을 넣고 전분물을 넣고 불을 끈다. 접시에 담을 때 제핏잎을 한 장 얹어놓는다.

냉이죽은 눈을 밝게 하고 간을 돕는다. 뿌리와 잎을 태워서 재로 만들면 백리를 치료하는 데 뛰어난 효과가 있다.

— 『본초강목』

곰취는 민간에서는 종기의 고름을 빨아내는 특효약으로 쓰인다. 어깨 결리는 데에도 곰취의 잎을 불에 약간 그슬려 부드러워지면 환부에 붙이고, 잎이 마르면 다시 새것으로 바꾸어 붙이면 효과가 있다. 이 밖에도 부스럼, 신경통, 생손앓이, 유종 등에도 같은 방법을 사용하면 효과가 있다.

— 『정요신방』

쑥은 속을 덥게 하여 냉을 쫓으며 습을 덜어준다. 기혈을 다스리고 자궁을 따뜻하게 하며 모든 출혈을 멎게 한다. 배를 따뜻하게 하고 경락을 고르게 하며 태아를 편하게 한다. 또 복통, 냉리, 곽란으로 사지가 틀리는 것을 다스린다.

— 『본초강목』

헛개나무는 술을 썩히는 작용이 있다. 생즙은 술독을 풀고 구역질을 멎게 한다.
— 『본초강목』

곤달비 줄기에는 항암성분이 들어 있고 진해, 거담, 혈액순환 촉진, 관절염, 부인병에 효과가 있다.
— 『본초강목』

여름 음식 — 더위를 이기는 채소

　장마가 시작되고부터 비를 만나는 날들이 많아졌다. 조금씩 부슬부슬 내리는 비, 소낙비가 되어 도랑물을 넘치게 하는 비, 느닷없이 천둥과 함께 우르르 쏟아지는 비, 어김없이 번쩍이는 번개와 만나 내리는 비……. 장마에 고추가 쓰러지고, 가지는 튼튼해서 버텨내고 있고, 옥수수는 서로 기대어 비스듬히 서 있다. 콩밭은 다행히 조용하다.
　남쪽의 기운이 왕성한 계절이다. 사람들은 더운 여름 열기를 식히는 콩국수와 냉면을 만들어 먹는다. 수박이 몸의 온기를 식혀주고, 죽순은 더운 속의 화기를 풀어준다. 또한 여름 음식의 중화를 위해서 쓴맛 나는 음식을 챙겨 먹어야 한다. 배탈, 설사가 잘 나는 시기가 이 시기일 뿐만 아니라, 여름 고뿔은 사람을 잡아먹는다는 말도 있다. 비위가 왕성해지는 시기이기에 특히 음식을 조심해야 한다.

콩

콩잎을 따서 소금에 절여 장아찌를 만들고, 된장에 박아 된장장아찌도 만들어본다. 여름철 사람에게 필요한 영양분을 공급하는 식물은 콩만큼 좋은 게 없다. 열매가 완전한 모습을 갖추는 동안 그 잎을 따 먹도록 허락해주는 콩에게 고맙기 그지없다.

청국장이 몸에 좋다고 매스컴에서 떠들고 난 후에 국산 콩 구하기가 어려워졌다. 그래도 후텁지근한 날엔 시원한 콩국수로 더위를 씻어보는 것이 좋을 듯하다. 대개 콩국수를 만들 때 부드럽게 한다고 콩을 잔뜩 불린 후 오래 삶고 갈아서 걸러내어 만들곤 한다. 그러나 건강에 더 좋은 것은 거친 음식이다.

콩은 불리지 않고 씻어서 압력솥에 삶아야 고소한 맛을 잃지 않는다. 믹서에 갈아서 거르지 않고 국수를 말면 콩국수를 새로운 맛으로 먹을 수 있다. 물도 씹어서 먹는 것이 몸에 이롭듯 콩물도 잘 씹어서 먹어보면 몸에도 좋고 맛도 무척 고소하다.

콩은 널리 알려져 있는 바와 같이 우리에게 필요한 식물성 단백질과 지방, 아미노산이 풍부한 식품이다. 콩의 불포화지방산은 체내의 콜레스테롤을 제거하고 비만과 고혈압 등 각종 성인병과 노화 방지에 좋다. 동물성 단백질과 비교해도 손색이 없는 식물성 단백질은 특히 수행하는 이들의 기운을 안정시켜준다.

콩은 밥에 꾸준히 섞어 먹거나, 불린 콩을 갈아서 전과 튀김 반죽에 섞어 쓰거나, 조리거나 소스로 만들어 먹으면 쉽게 가까워질 수 있다. 좋은 식품을 챙겨 먹는 것도 중요하지만 어떤 방법으로 섭취하느냐도 중요하다. 모든 음식은 오래 씹어서 영양분이 잘 소화되고 흡수되도록 해야 한다. 음식을 급하게 많이 먹는 사람이 대부분 비만에 걸린다.

가지

가지는 갈증을 해소해줄 뿐만 아니라, 미네랄이 많아서 지친 피부에 보습 효과도 있다. 가지의 보라색은 식물이 좀처럼 지니기 어려운 색깔이다. 보라색은 장수의 색으로 오래 먹으면 노화 방지에 좋다. 식욕은 증진시키고 흥분은 억제시키는 가지는 특히 고혈압에 유익하다.

여름철 야채의 특징은 체열을 식히는 효과가 있다는 것이다. 90퍼센트가 수분인 가지는 저열량 식품이어서 다이어트에도 효과가 있다. 냉한 체질은 생강이나 마늘을 양념으로 해서 조리하거나, 기름에 볶아 나물로 만들어서 가지 자체는 물론이고 먹는 이의 냉기도 보완할 수 있게 먹으면 좋다.

쪄서 나물로 무치거나, 볶거나, 양념을 칼집 사이에 넣고 찜으로 거듭나는 가지는 껍질을 벗기고 믹싱해서 각종 소스로도 쓸 수 있다. 가지는 여름을 지나면서 윤기가 더해지고 달콤한 맛도 한껏 뽐낸다.

가지조림

가지, 표고, 청·홍 고추, 간장, 참기름, 통깨로 가지조림을 만들어보자. 가지는 손가락 한 마디 정도 크기로 잘라서 십자로 칼집을 내고, 표고와 청·홍 고추를 다져서 간장, 기름, 통깨로 양념하여 칼집에 집어넣어서 가지를 세워 조려낸다.

가지밀국수

가지는 껍질을 벗겨내고 쪄서 믹서에 간다. 밀국수는 굵은 면으로 퍼지지 않게 삶아낸다. 프라이팬에 들기름을 두르고 가지를 볶는다. 모차렐라 치즈를 넣고 저으면서 소금으로 간을 한다. 삶아낸 국수를 넣고 뜨거울 때까지 젓는다.

가지파스타

가지는 이탈리아 파스타의 재료로도 변신할 수 있는 훌륭한 식재료다. 오븐 속에서 모차렐라 치즈와 함께하는 가지파스타는 절집에서 만날 수 있는 세련된 음식이다. 가지와 치즈가 만들어내는 고소한 풍미는 현대인의 입맛에 잘 맞는다. 사찰음식의 전통에서 볼 때 조금 생소한 식단이라고 할 수도 있겠지만, 사람들의 입맛이 변하는 시대에 절집음식에도 변화가 요구되고 있다. 가지파스타는 절집의 대표적인 퓨전음식 중 하나라고 할 수 있다.

오이

부종을 개선하는 오이는 그 상큼한 맛으로 만인이 애호한다. 수분이 많고 차가운 성분인 오이 역시 더위를 물리치는 채소다. 이뇨작용이 탁월해서 냉채나 소박이김치로 만들어 먹는다. 초밥에 오이를 얇게 저며서 돌돌 말아 먹어도 좋다. 비타민 B_1이 풍부한 오이는 피로 회복에도 도움이 된다.

바람이 매화를 흔드는 날, 마당 가득 매화 향이 떠다니는 날 초밥을 짓고 오이를 슬라이스로 길게 저며서 김말이에 깔고 오이초밥을 말아보았다. 허전한 속을 호두로 채우고 초밥 사이에 매화꽃을 장식하니, 옆에 있던 근사한 일본 초밥도 기가 죽는다.

우엉

머리의 피부병을 고치는 데 효과가 있다는 우엉은, 체내 노폐물과 독소를 없앤다. 그런데도 요사이 밥상에서 점점 멀어지고 있는 뿌리음식이다. 뿌리음식이 몸에 좋다는 것은 익히 알려진 사실이지만, 우엉이 잔손을 많이 필요로 하는 재료이기에 쉽게 손이 가지 않는 경향이 있다. 그러나 우엉의 효능을 되새겨보면 우리가 즐겨 섭취해야 할 식품임을 알 수 있다. 우엉은 식물성 섬유소가 많아서 근채류(根菜類)의 제왕이라 할 만하다. 우엉은 콜레스테롤이나 지방을 대변과 함께 배설시키는 장의 청소 담당이기도 하다. 변비로 고생하는 사람이 우엉 음식을 열심히 먹으면 오래지 않아 변비가 해소된다. 또한 철분이 많아서 조혈작용으로 빈혈을 예방하는 데도 좋고, 다이어트 식품으로도 각광받는다.

우엉은 일반적으로 김밥 재료로 많이 쓰이는데 절집에서는 조리거나 밥에 넣어 먹거나 잡채에 섞어 먹는 등 다양한 방식으로 해 먹는다. 어느 요리 강의 시간에 우엉잡채를 만든다고 우엉을 얇게 저며 곱게 채쳐서 식초물에 담갔다가 볶았는데, 한 팀에서 식초물에 담근 우엉을 채반에 받쳐 물만 빼고는 맑은 물에 헹구지 않고 그냥 볶는 바람에 우엉잡채의 신맛이 아주 강해지고 말았다. 음식을 만들 땐 지켜야 할 순서를 제대로 지켜야 제 맛이 나온다는 사실을 되새길 수 있는 계기였다. 언젠가는 우엉을 곱게 채썰어 대추와 잣을 넣고 간장에 볶았는데, 우엉 고유의 향이 아주 고소하게 우러났다.

우엉전

내가 갓 출가하여 국일암에서 행자 시절을 지낼 때만 해도, 차례 음식에 빠지지 않고 올렸던 진수가 우엉전이다. 우엉을 같은 길이로 자르고 세로로 칼집을 넣어 쪄낸 다음에 납작하게 콩콩 두드려서 넓게 우엉을 편다. 집간장에 고춧가루와 참기름을 섞어 숟가락으로 조금씩 살짝 바른다. 밀가루를 묽게 반죽해둔다. 프라이팬을 달구어서 기름을 두른 후 우엉을 네모나게 펴놓는다. 그 위에 밀가루를 조금씩 바르고 익힌 후 뒤집어 다시 발라 구워낸다. 넓은 접시에 한가득 높이 올리는 우엉전은 언제 보아도 푸짐한 음식이다.

호박

호박의 노란 색소에는 베타카로틴이 풍부하여 점막 상피세포의 변성이 주요 원인인 암세포 확산을 방지하는 효과가 있어서 항암식품으로 분류된다. 애호박은 미네랄이 많고 더위에 좋으며, 누렇게 익은 호박은 수분 배출을 도와서 부종에 좋다. 특히 채소로는 드물게 신경장애에 효과가 있는 비타민 B_{12}를 함유하고 있다. 껍질이 두

껍고 단단하며 속은 주황색이 나는 호박이 더 영양가가 풍부하다.

식물마다 미네랄과 칼슘, 칼륨, 비타민이 적절하게 들어 있어서 평소에 채소를 식탁에서 자주 만나면 건강한 삶을 유지할 수 있다. 진음식(육류나 어류 등)을 먹을 때는 그 두 배 분량의 채소를 먹어야 장이 부패하지 않는다.

애호박편수

애호박편수는 여름 입맛을 돋운다. 편수 옷은 시중에 파는 만두피보다 집에서 반죽해서 사용하면 맛이 훨씬 좋다. 밀가루에 소금과 전분을 섞어 채에 내려 되직하게 반죽해서 밀폐용기에 담아 40분 정도 냉장실에 놔두었다가 같은 크기로 잘라서 밀대로 미는데, 바깥 둘레에서 안쪽으로 밀면 동그란 모습이 그대로 유지된다. 이렇게 만들면 될 텐데 왜 반죽을 어렵게만 생각할까.

당근

한 토막으로 하루에 필요한 비타민 A를 섭취할 수 있는 항암식품인 당근에는 세균에 대한 저항력과 면역력을 강화하는 물질이 들어 있어서, 항시 식탁에 오르면 유익한 채소다. 미네랄도 풍부한 당근은 이천 년의 역사를 가진 만병의 묘약이다. 강력한 정화효과를 지니고 있고, 눈의 피로를 덜어주고, 혈액순환을 도와서 냉증과 동상을 완화하는 당근은 가열하지 않았을 때 비타민이 보존된다. 그러므로 되도록 날것으로 상식(常食)한다. 식재료의 중심에 있는 당근을 많이 먹기 위해서는, 식탁에 조각으로 잘라놓고 눈에 띌 때마다 하나씩 집어 먹는 것이 간편하다. 슬라이스를 얇게 해서 샐러드로 만들어 먹거나, 강판에 갈아 즙으로 만들어서 수제비나 전 반죽에 빨간 색소처럼 사용해도 좋다. 색깔이 화려한 음식은 더 먹음직스럽게 마련이다.

피망

규소 성분이 함유되어 있는 피망은 요즘 들어 부쩍 사랑받는 식재료다. 색깔로 식욕을 돋우는 피망이 파프리카와 함께 각종 음식에 다양하게 쓰이고 있다. 쌈된장 하나만 만나도 근사한 생식 그 자체이며, 맛도 두말할 필요 없이 상큼하다. 건강한 밥상에 자주 오르는 피망은 식감의 여왕이라 할 만하다. 말초신경의 생육에 좋으며 비타민까지 많다니 여러모로 유용한 식품이다.

감자

여름에 특히 많이 먹는 감자는 절집의 전통적인 식량이다. 창고에 그득 캐어 모은 감자는 겨울까지 보관해두어도 좋은 식품이다. 감자는 1537년 스페인의 한 병사가 안데스 산속 인디언 창고에서 처음으로 발견했다고 한다. 여름 진기가 쇠진해질 때 감자를 먹고 기운을 차렸던 옛 조상들의 슬기가 오늘날까지 이어져 현명한 밥상으로 차려진다.

봄빛이 무르익을 때 씨감자를 손질해 밭에 심는데, 감자는 비닐을 덮지 않으면 절기가 변하면서 잘 자라지 않는다. 시골에서 흔하게 사용되는 농약은 농민들의 일손을 어느 정도 덜어주는 것이 사실이지만 많은 사람들의 소중한 건강을 앗아가는 주요인이다. 촌로들이 대부분 암으로 세상을 떠나고 있으니 눈여겨볼 일이다. 당장의 이익은 좀 덜하더라도 무농약으로 감자 농사를 지어보자.

감자는 뿌리식품이 아닌 땅속줄기 식품이다. 해독작용과 살균정화 작용을 하고, 소화를 촉진시켜서 피부미용에도 효과가 있다. 아일랜드에서는 감자를 류머티즘과 좌골신경통 치료에 사용한다. 감자와 돌을 함께 끓인 물에 통증 부위를 담가 치료한다고 한다. 우리의 민간요법과는 사뭇 다르다. 민간요법대로 피부가 화상을 입었을 때 감자를 썰어 붙이면 실제로 화독이 빠지는 것을 경험할 수 있다.

감자는 비타민B군과 C, 칼륨, 이온, 인, 염소 등 비타민과 미네랄이 골고루 함유되어 있으며 판토텐산도 많다. 비타민C는 해독작용을 한다. 감자는 세포조직의 재생을 촉진하는 물질도 들어 있어서, 피부미용과 위궤양에 효과가 있다.

감자는 감자피자와 각종 볶음요리, 조림, 국, 찌개 등 활용도가 높은 식품이다. 요즘 전기오븐을 사용하는 가정이 늘어나고 있어 감자요리를 보다 간편하게 해먹을 수 있게 되었다. 감자를 곱게 채쳐서 소금에 버무려 접시에 빈틈없이 놓고 흰 치즈를 약간 뿌린 후 마를 강판에 갈아 덮어서 구워낸다. 마 위에 허브꽃가루나 홍화꽃가루를 뿌려내면 근사한 감자요리가 된다.

감자피자

불영사에서 동안거를 날 시절에, 함박눈이 내리면 골짜기마다 춘

양목이 늘씬한 자태를 드러냈다. 그때마다 선방 스님들이 새참으로 별식을 드시고 싶어했는데, 큰방 식구면서 부엌을 드나들던 내가 자진해서 만들었던 음식이 감자피자다. 절집에 피자 메뉴가 없었던 시절이었다. 밀가루만 눈에 띄기에, 공양주 보살에게 감자를 한 박스 꺼내서 깎아달라고 했더니 고개를 갸우뚱했다. 행자들과 후원 소임 스님들까지 동원되어 한 박스의 감자를 강판에 갈아내니 거창한 운력이 되고 말았다.

피자 밑판인 도우를 감자로 만들고 버섯과 당근, 피망을 토핑해서 피자를 만들었다. 울진 읍내까지 가서 구해온 모차렐라 치즈를 살살 뿌려가며……. 대중들이 아주 맛있게 먹은 덕에 바쁘게 만들어낸 피자가 모두 서른 판이 넘었다. 일반적으로 피자를 만들 때 케첩과 마요네즈를 사용하지만, 이렇게 사찰음식을 알고 나면 또 다른 모양을 지닌 더 맛있고 영양가 풍부한 피자를 만들 수 있다.

조리법은 얼마든지 다양하게 응용할 수 있다. 우리밀가루, 우유, 소금, 설탕, 이스트를 반죽해서 도우를 만든다. 먼저 밀가루를 채에 친 다음 우유와 소금, 설탕, 이스트를 넣고 된 반죽을 하여 여러 번 치대서 냉장고에 40분간 숙성시킨다. 감자, 당근, 방아(또는 연잎), 두릅, 곤달비, 엄나무순, 시금치, 양송이, 꾀꼬리버섯, 표고버섯, 파프리카, 청·홍 피망 등으로 토핑하는데, 감자는 쪄서 으깨어 소금과 후추로 간을 하고, 방앗잎은 올리브유와 함께 믹싱하고, 파인애플 통조림의 과육도 살짝 다진다. 도우를 만들어서 채식소스를 바른 위에 감자 쪄서 으깬 것부터 색깔별로 예쁘게 토핑한다. 채식소스는 두부 으깬 것과 감자 쪄서 으깬 것이나 두유나 멜론 또는 키위, 견과류, 참나물이나 취나물, 올리브유, 소금을 믹싱해서 미리 만들어둔다. 흰 치즈는 적게 넣고 마를 갈아 치즈 대신 넣어 마피자를 만들거나, 우리밀가루에 더러 감자를 갈아 넣어서 도우를 만들기도 한다. 오븐에 굽거나, 도우를 프라이팬에서 약간 구운 위에 토핑하여 전자레인지에서 익힌다.

감자옹심이

감자 네 개, 호박 4분의 1개, 목이버섯 세 장, 청양고추 두 개, 마른표고 다섯 장, 다시마 네 장 정도를 준비한다. 감자는 껍질을 살살 긁어서 강판에 갈고 소금으로 간하여 손으로 꼭 짜서 동그랗게 뭉친다. 마른 표고와 다시마를 물에 넣고 집간장으로 간을 한 다음에 끓여서 육수를 만든다. 호박은 채를 썰고 목이버섯도 불려서 채썰고, 육수가 끓을 때 감자옹심이를 넣는다. 감자옹심이가 끓으면 호박과 목이버섯을 넣고 청양고추를 굵직하게 썰어 넣는다. 맛이 얼큰하다.

토마토

채마밭에서 고추와 더불어 지지대에 의지하여 독특한 향을 풍기며 새들을 유혹하는 토마토는 과일과 채소의 맛을 함께 지니고 있는 이로운 식물이다.

예전에 은사 스님을 뵈러 속리산 깊은 골짜기 토굴을 찾아갔더니, 토마토가 어찌 그리 많은지 스님도 매 끼니마다 토마토를 드신다는 것이었다. 개울 옆에 깔끔하게 정돈된 밭에는 온통 빨갛게 익어가는 토마토 천지였다. 가지마다 주렁주렁 열린 토마토 덕에 오랫동안 곡류를 맛보지 못했다고 한탄 아닌 한탄을 하실 정도였다. 일부러 세상 밖으로 나오지 않으시려 하는 스님의 결연한 수행 의지에 마음으로 고개를 숙이며 밥을 지어드렸더니 상좌 덕에 밥을 먹게 되었다고 소박한 웃음을 지으셨다. 결국 나도 이틀 동안 토마토를 물릴 정도로 먹고 돌아왔다.

빨갛게 잘 익은 토마토는 칼등으로 문질러서 껍질을 벗기고 냄비에 오래 끓이면 수프로 만들어 먹을 수 있다. 아무것도 넣지 않고 오래 끓이면 리코펜이라는 노화 방지 물질이 많이 생긴다. 또한 토마토는 상추와 함께 겉절이의 재료로도 쓰일 수 있다. 올리브유에 간장과 참깨를 넣고 버무려주면 된다.

메밀묵초무침

메밀은 여름에 먹는 차가운 음식이다. 산청 장날마다 메밀묵을 만들어서 파는 보살이 있다. 손수 농사지은 메밀로 묵을 쑤어 파는데, 묵 쑤는 탁월한 솜씨가 한결같다. 그 맛을 직접 내보고 싶어서 어느 날 메밀가루를 사와서 만들어보았다.

방앗간에서 통메밀을 타와서 물에 담그고 주머니에 넣어 짜거나 채에 받친다. 가라앉은 앙금을 솥에 넣고 계속 저으면서 끓이는데, 잘못하면 누룽지가 붙을 수 있으니 조심해야 한다. 폭폭 끓인 다음 불을 죽여서 10~15분 정도 살짝 저으며 뜸을 들인다. 묽지 않고 약간 되직하게 만들어야 진한 맛이 난다.

  메밀묵은 곱게 채를 썬다. 미나리는 끓는 물에 살짝 데쳐 찬물에 헹군다. 김도 가위로 곱게 채낸다. 고추장에 식초와 조청과 효소를 넣어 새콤달콤한 맛에 메밀묵과 미나리를 넣고 살짝살짝 버무린다. 고명으로 김채나 석이버섯, 잣채 등을 얹는다.

녹차두부콩국

  건강한 밥상을 만들고자 하는 사람은 좋은 식재료에 대한 생각을 하지 않을 수 없다. 내 경우엔 녹찻잎은 찻상 위에 늘 있고, 두부는 작은 기계가 만들어주기에 역시 늘 가까이 있다. 이 두 가지 재료만 기본 자산으로 삼아도 여러 가지 새로운 퓨전음식을 건강한 밥상으로 차릴 수 있다.

  두부는 살짝 삶아서 으깨고, 감자는 강판에 슬슬 간다. 녹차를 갈아서 으깬 두부와 버섯 다진 것, 청·홍 고추 다진 것, 감자 간 것, 산더덕 다진 것을 두루 섞어 반죽해서 동글동글 새알처럼 만든 다음, 기름에 바삭하게 튀겨낸다. 다시마와 표고버섯으로 육수를 만든 것에 무를 넣고 끓이다가 튀김을 넣어서 한 번 더 끓인 후 검은콩 물을 넣고 한소끔 팔팔 끓인다. 시금치를 넣고 불을 끈다. 기름지지 않아서 담백한 찜탕 같은 고소한 콩국이 만들어진다.

마들깨찜

  각종 버섯류, 당근, 샐러리나 당귀잎 등의 향신채, 마, 들깨가루,

양배추, 피망, 브로콜리를 준비한다. 표고, 느타리, 양송이, 팽이, 새송이 등 각종 버섯을 손질하여 잘게 썬다. 당근과 브로콜리, 샐러리는 굵은 채를 썰고, 팬에 들기름을 두르고 당근과 샐러리를 먼저 볶다가 버섯과 다른 야채들을 볶는다. 거기에 들깨가루를 첨가해서 찜 재료를 준비한다. 접시에 찜 재료를 담고 마를 갈아서 재료 위에 한 겹 살짝 겉옷을 입힌다. 전자레인지를 이용하여 약 3분간 익힌다. 마는 전분질이 많아서 응고가 되어 얇은 껍질처럼 막이 생긴다.

사람들이 음식의 이름을 묻기에 '이 뭣고'가 어떻겠냐고 답했다. 마를 젓가락으로 열어봐야 무슨 음식인지 알 수 있기 때문이다.

제피장떡

사시사철 절집의 밑반찬인 제피는 봄에는 풋풋함으로, 여름에는 강한 향기로, 단풍이 져 사라지는 가을에도 역시 고유의 맛을 잃지 않아서 변함없이 사랑받는다. 가시가 많아 잎을 따기가 그리 쉽지 않지만, 산시올이라는 강한 방부제 성분이 함유되어 있어 나물을 많이 먹는 절밥에서 벌레들을 없애는 자연구충제로 유용한 단골 식품이다.

제핏잎, 표고버섯, 청·홍 고추, 고추장, 된장이 준비되면 제피는 잘게 다지고, 생표고는 소금에 살짝 절여 물기를 닦아서 다진다(마른 표고일 경우는 불려서 다진다). 청·홍 고추도 다져서 두루 섞은 다음에 약간 짭짤한 맛이 나게 된장과 고추장으로 간을 한다. 밀가루로 반죽해서 지름 10센티미터 크기로 납작하게 빚어 올리브유에 부친다. 원래 절에서는 제피기름으로 장떡을 구웠다.

방아장떡

방아는 절집의 모퉁이마다 몇이서 모여 싹을 피운다. 된장찌개에 빠지지 않고 들어가는 방아는 순수 허브라고 할 수 있다.

방앗잎, 제핏잎, 고추장, 들기름, 밀가루, 집간장이 준비되면 방앗잎을 깨끗이 씻어 물기를 제거하고 제핏잎도 손질한다. 밀가루에 집간장과 고추장을 넣고 반죽물을 묽게 만든다. 프라이팬에 들기름을 달군 후 방앗잎을 먼저 프라이팬에 가지런히 놓은 다음 반죽이 골고루 방앗잎에 덮이도록 하고 맨 위에 제핏잎을 적당히 얹는다.

콩국수

콩국수의 콩은 불려서 사용하면 고소한 맛이 떨어지므로, 콩 한 국자 분량(2인분)을 씻어서 불리지 않고 압력솥에 삶는다. 삶은 콩을 식혀서 믹서에 곱게 간다. 콩물이 준비되면 냄비에 물을 붓고 국수를 삶는데, 콩국수는 굵은 국수가 맛있다. 국수를 삶는 동안 끓을 때마다 찬물을 한 컵씩 부어 두 번 바글바글 끓으면 흐르는 물에 깨끗이 씻어서 채반에서 물기를 뺀다. 그릇에 보기 좋게 담고 콩물을 부어서 얼음을 띄운다. 콩물을 조금 진하게 넣으면 얼음이 녹아도 국물이 싱거워지지 않는다. 먹기 전에 토마토나 오이를 고명으로 얹고 소금으로 간을 맞추어서 먹는다.

보리채소비빔밥

보리쌀, 상추, 적근대, 겨자야채, 케일 등 쌈야채와 된장쌈장을 준비한다. 보리쌀을 씻어서 하룻밤 잘 불려 물과 쌀을 1대 1 비율로 넣는다. 보리밥은 은근한 불에 오래도록 두어야 보리쌀이 잘 퍼진다. 잘 지은 보리밥에 갖은 야채를 손으로 뜯어 넣고 된장쌈장을 넣고 비벼 먹는다.

함지쌈

함지쌈은 베트남 음식점에서 먹어보고 채식으로 응용하게 되었는데, 백양사 스님들 공양에서 인기가 있었다. 함지쌈은 우리나라 메밀전병과 비슷하여 만드는 법이 간편하고 쉽다.

표고버섯, 느타리버섯, 양배추, 미나리, 오이, 피망(색깔별로) 등 모든 야채를 쓸 수 있다. 표고버섯은 말린 것을 불려 채를 만들어 볶는다. 느타리는 끓는 물에 소금을 넣어 데쳐내고 양배추는 곱게 채를 썰어 참기름에 볶는다. 미나리는 삶아 찬물에 헹구어놓고 오이는 채를 썰어 소금과 식초로 간한다. 감자는 껍질을 벗겨 찜솥에 물기가 없이 쪄내어 소금과 후추로 간하며 으깬다. 피망은 색깔별로 곱게 채를 내어 소금으로 약하게 간하여 오이와 함께 넣는다. 으깬 감자와 나머지 야채를 소금간과 겨자를 넣고 고루 섞는다. 쌀종이(rice paper)를 뜨거운 물에 신속히 적셔내어 펴놓고 위의 재료를 보기 좋게 싼다. 쌀종이 대신 겨울 배추를 데쳐서 쓰거나 밀전을 얇게 구워서 사용해도 좋다. 겨자소스는 재료와 함께 넣지 않고 따로 곁들여 내도 된다.

쇠비름은 나쁜 피를 흩어버리고 독을 풀며 풍을 없앤다. 또 기생충을 죽이고 모든 임질을 다스린다. 약창에는 쇠비름을 태워 남은 재를 고약처럼 달여서 바른다.

—『본초강목』

부추는 자양강장약으로 분류되어 있는 한약재로 혈액순환을 촉진하고 몸을 보온하는 효과가 있어 냉한 체질에 좋고 나쁜 피를 배출하고 빈혈 치료 효과도 있다. 음식물에 체해 설사를 할 때 부추를 된장국에 넣어 끓여 먹으면 효력이 있다. 부추는 장을 튼튼하게 하기 때문에 몸이 찬 사람에게 매우 좋다. 또 소화를 돕고 위를 튼튼하게 하고 소장과 대장을 보호하는 효과가 있으며, 오장, 특히 심장을 편안하게 하고 위의 열을 제거하며, 무릎과 허리를 덥게 하고, 가슴 답답한 증상을 풀어준다.

—『본초강목』

녹두는 원기를 보하는 데 유익하고 오장을 조화하며 정신을 안정시킨다.

—『식료본초』

시금치는 가슴이 막힌 것을 뚫어주고 속을 고르게 해준다.

—『본초강목』

감자는 충치를 예방하고 구충작용과 술독 해독작용을 한다.

—『동의보감』

메밀은 비·위장의 습기와 열기를 없애주며 소화가 잘되게 하는 효능이 있어, 일 년 동안 쌓인 체기가 있어도 메밀을 먹으면 체기가 내려간다.

—『동의보감』

가을음식
지리산 단풍을 닮고 싶은 마음

 가을의 백미는 뭐니 뭐니 해도 버섯과 각종 재배채소이다. 능이, 송이가 앞을 다투어 나고 채마밭에서는 김장무, 배추, 갓 등 각종 뿌리채소가 푸르게 자란다. 능이는 버섯 중 으뜸이다. 두 번째가 표고, 3순위가 송이이다.
 송이는 솔밭과 같은 정결한 환경에서만 자라는 귀한 버섯이다 보니 값나가는 재료이다. 능이는 낙엽이 무성한 곳에서 숨을 죽이고 자란다. 따라서 역시 눈에 쉽게 띄지 않는 버섯이다. 능이는 말려서 보관이 용이하고, 향이 빼어나며, 버섯 중 항산화물질이 가장 많다. 어느 날 포행을 하고 돌아오는 길에 지친 발걸음을 쉬려고 털썩 바닥에 주저앉아 무심코 낙엽더미를 바라보는데 손바닥만큼 넓적한 물체가 눈에 띄었다. 조심스레 뒤적거려보니 능이가 아닌가? 그 귀한 능이를 뜻하지 않게 한아름 안고 돌아온 즐거운 기억이 지금도 생생하다.

　겨울철, 절집의 스님들이 감기에 걸렸을 때 무와 함께 매운 고추를 통째로 넣고 끓여 먹고는 땀 흘리는 감기국이 능잇국이다. 능이는 감자옹심이와 함께 여름철 땀 흘리며 먹는 별미 음식으로 변신하기도 하고, 가루로 내어 향신료 역할도 톡톡히 하는 특별한 버섯이다. 요즘은 값이 많이 뛰어서 예전만큼 상용하기 쉽지 않다.

　송이밭에 더부살이하는 꾀꼬리버섯은 색깔이 주황색으로 고운 버섯인데, 말려서 일 년 내내 사용된다. 가을철 애호박과 함께 두루치기 등 각종 음식에 두루 쓰인다. 특히 버섯칠보채에는 빠지지 않는다. 버섯마다 제각기 색다른 향을 뿜내는 버섯칠보채는 산중 식구들에게 언제나 환영받는 음식이다.

　추석에 산중 절에서 빠지지 않고 올라오는 송잇국은 박과 더불어 시원한 맛이 일품이다. 참기름에 박을 달달 볶다가 소금간을 하고 한 번 바르르 끓으면 송이를 넣고 살짝 끓여야 송이 향이 되살아난다. 더 이상 아무것도 넣지 않아도 송이 향만으로 충분하다. 세속 음식과 달리 번잡한 양념 없이 식재료의 향미를 돋우는 간만으로도 담백한 절밥이 차려진다.

　가을이 무르익고 무가 자라는 채소밭은 녹색 물결이 춤을 춘다. 하얀 속살이 채워질 때 무청도 좋은 식재료가 된다. 그늘에 꾸들꾸들 말린 무청은 겨우내 입맛을 사로잡는 음식이 된다. 무청밥, 무청찌개, 무청전골, 무청죽, 무청국. 유난히 된장과 궁합이 맞는 무청은 겨울철 김치와 더불어 많이 쓰이는 식재료다. 말린 무청은 비타민과 무기질이 많고 근골에 좋은 영양물질이 풍부하다. 섬유질이 많아 변통에 좋고 대장 질병을 완화한다. 무청과 함께 바람이 기르는 근대, 아욱, 케일은 익은 쌈채가 되고, 가을볕에 풍성한 살을 키우며 좋은 국거리를 제공한다.

된장찌개

 찬바람이 부는 계절에 된장찌개는 버섯의 향연과 더불어 더욱 맛있어진다. 표고버섯 한 개, 느타리버섯 세 개, 무 50그램, 된장 한 큰 술, 다시마 손바닥 크기만큼, 두부 4분의 1모, 풋고추 한 개를 준비한다. 먼저 표고버섯과 다시마를 넣고 육수를 만든다. 무도 납작하게 썰어 넣고 함께 끓인다. 느타리버섯은 줄기와 함께 손으로 찢어 놓는다(되도록 칼을 사용하지 않는다). 무가 끓으면 느타리버섯과 두부를 넣고 끓인다. 두부가 둥둥 뜨게 끓으면 된장을 넣는다. 고추도 이때 넣는다.

 강된장을 만들 때는 된장을 처음부터 넣지만 보통 된장찌개를 끓일 때는 된장을 맨 나중에 넣는다. 청국장과 마찬가지로 발효식품이기 때문이다. 콩은 식물성 단백질의 공급원일 뿐 아니라 사포닌이 많은 배당체(配糖體)이다. 사포닌은 그리스어로 '거품이 일어나는 것'이라는 의미로, 체내에서 과산화지방의 성분을 억제하는 효과가 있다. 과산화지방은 내장 전체, 특히 간장에 장애를 일으키고, 퇴행성 질환이라는 갱년기 장애와 동맥경화증을 일으키는 원인이 된다. 콩은 비만 개선과 고인슐린혈증이라는 비만 촉진 인자도 억제하기 때문에 비만을 근본적으로 예방·개선할 수 있다. 대두는 특히 여덟 가지 필수아미노산을 함유하고 있는데, 다른 식물에 부족한 리신이 풍부한 편이다. 전분질이 적고 지방이 적당히 들어 있기 때문에 많이 먹어도 비만의 염려가 없다.

김치양장피잡채

고구마 전분을 넓고 얇은 막처럼 둥글게 만든 것이 양장피다. 중국 음식이지만 절집에서 행사라도 하는 날 이 양장피와 김치를 이용하여 김치양장피잡채라는 특별식을 만들 수 있다. 김치양장피잡채는 김장김치로 만들어야 제 맛이다. 양장피 한 판, 당근 한 개, 오이 한 개, 청·홍 피망 한 개씩, 느타리버섯, 표고버섯, 새송이버섯, 팽이버섯 등을 있는 대로 이용한다. 거기에다 김치 한 쪽과 양념으로 참기름, 소금, 집간장, 양조간장, 갈설탕 또는 조청을 준비한다.

양장피는 물에 살짝 불려 건져낸다. 당근과 오이는 채썬다. 버섯은 채를 썰거나 손으로 잘게 찢어놓는다. 양장피는 참기름과 양조간장과 설탕을 넣고 주물러서 볶는다. 야채도 제각기 볶는다. 김치는 참기름과 설탕을 조금 넣고 볶는다. 접시 바닥에 양장피를 깔고 야채를 빙 돌려서 놓은 후 한가운데 맛있는 김치를 놓는다.

야채모듬메밀전병

야채모듬메밀전병은 색깔이 화려하고 다양한 음식이어서 특별한 날 메인요리로 선보일 수 있다. 생야채는 다 쓸 수 있으므로 색깔이

겹치지 않게 골고루 선별한다. 오이, 당근, 피망, 샐러리, 팽이버섯, 느타리버섯, 생표고, 무는 곱게 채썰고 당근과 버섯만 살짝 볶는다. 메밀을 묽게 반죽해서 프라이팬에 기름을 두르고 한 수저씩 둥글게 원을 그리면서 지져낸다. 접시에 각종 야채를 색상을 잘 배열하여 원으로 둘러놓고 가운데 메밀전도 보기 좋게 쌓아놓는다. 소스는 겨자소스와 오렌지소스, 간장소스를 곁들인다.

메밀수제비

마른 표고버섯 다섯 장, 다시마 손바닥만 한 것 두 개, 집간장을 이용하여 냄비에 적당량의 육수를 만든다. 볼에 메밀가루를 넣고 올리브유를 한두 방울 떨어뜨려서 젓가락으로 휘저어 섞으며 따뜻한 물을 부어 반죽한다. 끓는 육수에 손으로 얄팍하게 떼어 넣는다. 팔팔 끓여 익으면 대접에 담고 양념장을 끼얹어 먹는다. 이때 김장김치를 잘게 썰어 참기름에 무쳐서 얹어 먹으면 별미다.

연근

7월 초순 연지(蓮池)에 가면 백련의 고혹적인 매력에 흠뻑 빠져서, 내내 향에 취하여 발길을 옮기지 못한다. 가을빛이 무르익으면 연지에서 손길이 바빠진다. 연근 채취는 보통 힘이 드는 일이 아니다. 힘 있게 자란 연근은 절 식구들의 든든한 간식거리로 오래도록 전통을 이어왔다.

연근은 채소 중에서 유일하게 단백질이 많이 함유된 구근채이다.

즉효성 피로회복제이기도 한 연근은 기초체력을 향상시키고 세포에 활력을 준다. 또한 뿌리음식이 가지고 있는 풍부한 식이섬유가 변통을 좋게 한다. 연근의 활용도가 점차 높아지고 있는데, 전국에 실질적으로 연 재배 농가가 느는 데 비례한다. 연은 뿌리뿐 아니라 꽃과 잎, 열매인 연실까지 식재료로 다양하게 쓰인다.

　백련의 향기는 차로 태어난다. 연잎을 커다란 다기에 깔고 그 위에 꽃을 피워 우려내는 생연차는 그 자태가 우아하다. 절집에서 연잎밥은 대중음식으로 다시 태어나고 있다. 연근찹쌀찜과 연실로 만드는 송연죽은 무욕(無慾)의 음식이다.

연근찹쌀찜

　통연근 두 개, 불린 찹쌀 두 홉, 녹차, 비트, 치잣물, 죽염이나 소금을 준비한다. 찹쌀은 미리 불려둔다. 연근은 깨끗이 씻고, 찹쌀을 삼등분으로 나누어 죽염으로 간을 한 후 녹차와 비트, 치자로 염색한다. 녹차는 가루를 내어 섞고, 비트는 갈아서 그 즙을 짜 물들인다. 그리고 치자는 약간의 물에 담가 색을 우려내어 쓴다. 연근 구멍에 색깔별로 찹쌀을 끼워 넣어서 압력솥에 쪄낸다. 색깔을 맞추어 접시에 예쁘게 담아낸다. 먹고 남은 찹쌀찜은 튀김옷을 입혀 튀겨낸다.

연근오방찜

　연근을 강판에 갈고 두부를 으깨어 섞어서 참기름과 소금으로 간을 한다. 이 재료를 다섯 등분하여 표고버섯과 당근, 비트즙, 치잣물, 녹차가루로 오방(五方)의 색깔을 낸다. 표고버섯과 당근은 곱게 다져서 쓴다. 다섯 가지 색깔옷을 입혀 찜솥에 쪄내는 이 음식은 가을 감나무에 주렁주렁 매달린 홍시가 맛을 더해준다. 연근오방찜 위에 홍시를 강판에 갈아 소스로 얹어 먹으면 달콤하다.

연잎밥

곳곳에 연을 재배하는 지방자치단체가 늘어나고 있다. 커다란 연에 찰밥을 놓고 은행과 잣을 올려 찜솥에 다시 쪄내면 녹색빛에 물든 연잎밥이 만들어진다. 맛을 돕기 위해 잡곡을 넣고 하는 곳이 많은데 연향에 잡내가 나서 고운 연밥이 방해받는다. 연향을 흠뻑 머금은 연잎밥은 식어도 맛이 좋고 이삼일 들고 다녀도 쉬지 않는다. 연잎이 방부제와 같은 역할을 하기 때문이다.

연잎모듬전골

냄비에 연잎을 구멍내어 깔고 각종 버섯과 채소잎을 같은 크기로 잘라 국물을 만들어 붓고 연근과 두부와 당근과 청·홍 고추와 표고버섯을 다져 소금간만 하고 동글게 옹심이를 넣어 끓이는 전골은 연잎 향이 먹는 내내 밥상을 점령한다. 근사한 연잎이 냄비 밖으로 넘실대는 모습도 우아하다.

더덕

식재료 중 선호하는 기호를 따져보면 많은 이들이 더덕과 도라지를 꼽는다. 깊은 산중의 맛 때문이다. 한 해 덕유산 산행에서 만난 더덕은 수령이 오래된 것이었다. 가을 낙엽 속에서 마지막 잎을 키우던 더덕은 껍질이 두꺼운 것이 덕유산의 신령스러운 기운을 다 머금고 있었다. 산신님께 고마운 예를 올리고 더덕을 조심스레 파내려 가면서 뿌리 하나를 건드렸는데, 더덕 향이 몸부림쳤다. 진한 향, 손을 떠나서도 더덕은 손가락에 향기를 남겼다. 흔적은 이래서 조심해야 하는 것이다.

더덕은 여러 소재로 쓰인다. 누구나 좋아하는 더덕양념구이, 잣과 함께하는 더덕무침, 돌솥에 들어가면 더덕밥, 애주가에게는 더덕주, 차를 나누는 이에게는 더덕정과, 겨울 쇠잔한 목 기운을 위해 담그는 더덕엑기스.

산더덕밥

산에서 나는 귀한 더덕은 요즘은 재배한 것도 값이 비싸다. '남(男)더덕 여(女)도라지'라고 더덕 음식은 남성에게 유익하다고 알려져 있다. 산더덕은 산마을의 장날에 구할 수 있는, 흔치 않은 물목이다.

부산에 사는 토우 작가가 어느 날 갑자기 청하기를, 갤러리에 음식을 먹을 수 있는 공간을 마련했는데 적당한 메뉴를 정하지 못했다면서 절밥처럼 담백하고 산뜻한 음식을 전수해달라고 하기에, 단일 메뉴로 식단을 짜고 주방장에게 산더덕밥 짓는 법을 가르쳐주었더니 그 자리에서 바로 만들어냈다.

버섯은 손질하여 물기를 제거해서 굵게 채썰고 당근은 가늘게 채썰어 참기름에 살짝 볶고, 당귀잎이나 향신채도 채썰어 버섯을 볶을 때 마지막에 넣는다. 뚝배기에 버섯과 야채를 볶아 바닥에 깔고 쌀이나 밥을 얹는다. 맨 위에 산더덕을 잘게 찢어서, 다진 잣과 소금, 참기름을 넣고 버무려 고명으로 얹는다. 불 위에 올려놓고 밥을 짓거나, 찬밥 위에 얹어 뜸을 들인다. 찬밥을 이용하니 10분 사이에 따끈따끈한 더덕밥이 만들어졌다.

도라지

백도라지, 산도라지! 도라지꽃이 좋아 절 귀퉁이에 심은 도라지가 십 년 장수를 하고 있다. 옮겨 심지 않으면 죽는다는데 무슨 일인지 자리바꿈도 없이 건재하다. 올봄에도 어김없이 꽃을 보여주면서 차나무꽃과 마주한 도라지.

가을에 피는 차꽃은 산작약꽃을 축소해놓은 것 같다. 청초한 꽃 도라지도, 산작약꽃도, 작설차꽃도 모두 한 빛이다. 도라지는 진해 거담제로 알려져 있다. 얇게 저며서 꿀에 재워놓으면 겨울바람을 이길 수 있다. 도라지탕수, 도라지정과, 도라지묵, 도라지튀김, 도라지초밥 등 어떤 조리법을 시도해보아도 도라지는 실망을 주지 않는 좋은 식재료이다.

도라지샐러드

전남 광양에서 많이 나는 도라지를 이용해 요리 수업을 해달라는 요청을 받고 만든 새로운 음식이 도라지샐러드이다. 요새는 각 지방마다 특산물들이 넘쳐나면서 중복되는 농산물도 많아서 앞을 다투어 각 군 단위마다 향토음식을 연구하고 있다.

각종 야채는 곱게 채쳐서 준비하되, 양상치는 손으로 찢어놓고 브로콜리를 쓸 경우 끓는 물에 살짝 데친다. 도라지는 깨끗이 손질하여 잣을 넣고 간다. 잘 손질된 야채는 물기를 채반에 받쳐서 뺀 후 볼에 담고 양조간장과 참기름, 도라지 간 것을 넣어 버무린다.

고사리찜

고사리찜은 처음에 강원 시절 졸업반 스님들에 의해 만들어졌다. 봉녕사는 율(律)을 우선으로 엄하게 교육하는 비구니 강원이다. '오백승제'라 해서 대만의 공양 풍습을 한국 절에서도 재연했는데, 그날 초대된 스님들이 오백 명이었다. 오백 명분의 음식이 뷔페식으로 순전히 학인 스님들의 솜씨로 차려졌는데, 30여 가지 음식 중 우리 입맛을 사로잡은 것은 고사리찜이었다. 고사리를 볶는 나물로만 대해왔던 대중 스님들은 나물 무리에서 이탈한 고사리를 보고 반짝이는 눈빛으로 찬사를 보내주었다.

고사리는 잘 삶아서 물기를 제거하고, 들깨가루와 쌀가루는 물에 개어놓는다. 마른 표고버섯과 다시마는 끓여서 다시물을 만든다. 도라지는 잣과 곱게 갈고, 프라이팬에 물과 들기름과 집간장을 조금 넣고 고사리를 살짝 볶는다. 바르르 한 번 끓으면 다시물을 넣고 끓이다가 가루 개어놓은 것도 넣는다. 도라지와 잣 믹싱한 것을 넣고 다시 한 번 중불에 끓인다.

석이버섯두부찌개

석이버섯은 가을철 비온 뒤 채취할 수 있는 귀한 버섯이다. 오래도록 산에서 사는 바위에 집을 짓는 석이는 매년 조금씩 자라는 생명력이 강한 버섯이다. 석이는 대개 산꾼들만 딸 수 있는데 어쩌다 길모퉁이 바위에서도 만날 경우가 있다.

두부를 크게 잘라 소금을 뿌려둔다. 석이는 끓는 물에 데쳐내어 모래와 돌을 떼어 깨끗이 흐르는 물에 씻어둔다. 두부에 불린 콩물을 붓고 끓이다가 끓어 넘치기 직전에 집간장을 넣고 불을 줄인다. 국물이 졸아들면 손질한 석이와 호두를 넣고 끓인다.

토란들깨탕

토란, 무, 들깨가루, 들기름, 육수를 준비한다. 토란은 비닐장갑을 끼고 껍질을 벗긴다. 무를 왼손에 들고 오른손에 칼을 든 다음 살며시 옆으로 깎아낸다. 냄비에 무와 토란과 집간장을 넣고 들기름에 슬슬 볶다가, 물을 살짝 끼얹으면서 달달 볶는다. 육수를 붓고 재료가 다 익도록 끓으면 들깨가루를 넣는다. 이때 육수 양은 깻국물 양에 맞추어서 조절한다. 절에서는 생들깨를 믹서에 갈아 베보에 짜서 들깨국물을 낸다.

은행밤죽

은행, 밤, 쌀, 소금을 준비한다. 쌀은 불리지 않고 바로 솥에 넣고 저어가며 끓인다. 죽이 다 되면 은행과 밤을 넣고 간을 하고 뚜껑을 덮어서 잠깐 끓인다. 잣가루와 김가루를 곁들여 먹는다.

구기자죽

구기자 우린 물, 현미, 대추, 소금을 준비한다. 구기자는 물에 달여 놓았다가 구기자 건더기를 걸러내고, 현미는 하룻밤 잘 불려 구기자 물을 넣고 죽을 쑨다. 죽이 퍼지도록 약한 불에서 끓이는데, 끓기 시작하면 저어주지 않아도 눌지 않는다. 대추를 잘게 다져 넣는다.

겨울 음식

추위를 물리치는 겨울철 별식

 자연이 눈부신 존재임을 날마다 느끼면서도, 계절이 바뀔 때마다 흐트러짐 없는 우주의 위대한 질서에 새삼 감동을 느끼곤 한다. 새날이라고 좋아한 일이 엊그제 같은데 벌써 입동이다. 겨울을 준비하는 절기에 대기는 부쩍 안개를 피워 올린다. 동이 트기 전에 안개는 이미 마당 안에 와 있다. 경호강에서 피어오른 안개는 지리산 자락마다 백색 치마를 두른다. 첫서리가 내리더니 그 푸르던 호박잎을 모두 꽁꽁 얼어붙게 만들어버렸다.
 겨울 찬바람이 지나가도록 밭에서 자라는 삼동초가 고마울 뿐이다. 제철에 맞는 식재료를 눈여겨보고, 하우스문화 속에서 자라는 식재료나 제철 지난 식재료는 되도록 사용하지 않는 습관이 중요하다. 여름철에 먹어야 할 참외가 겨울 하우스에서 자라는데, 냉한 체질에는 전혀 도움이 안 되는 음식이다. 귀한 것도 좋지만 몸에 맞지 않는 다는 점을 더 유념해야 한다. 겨울에 가지가 먹고 싶을 때는 찜처럼 오래 중탕해서 냉한 성분을 빼고 먹거나 기름지게 조리해서 먹는다.

콩나물모재비국

절집의 아침 국거리는 단연 콩나물이다. 어려서부터 지금까지 줄기차게 놓치지 않고 거의 매일 먹은 음식이 콩나물과 두부인 것 같다. 특히 절집에서 자주 먹는 음식은 콩나물과 김치를 넣고 끓이는 갱죽 아니면 콩나물국이다.

제주도에서 나는 '몸(멈)'이라는 모재비는 해조류인데, 콩나물과 궁합이 맞는 국거리다. 더러는 말리지 않은 모재비를 무채와 버무려 먹기도 하지만, 모재비는 말렸을 때 향이 잘 우러난다. 지난해 제주에서 재래시장에 일부러 가서 모재비 말린 것을 사온 적이 있다. 청정지역인 제주에서도 모재비 구하기가 쉽지 않았다. 일 년 양식이라 생각하고 아껴서 쓰는데, 추운 날 속풀이국으로 으뜸이다.

깊은 지리산 속에서 콧물 흘리며 콩나물모재비국 한 그릇 비우고 나면 온몸에 땀이 송글송글 맺힌다. 지난날 스님들은 해인사에서 마산 근처로 탁발을 다니실 때 모재비국을 반가에서 얻어 드시고 아픈 다리를 쉬었다고 한다. 더러는 탁발로 들여온 모재비국이 콩나물과 만난 사연이 되었다고도 한다. 1960년대 음식이 귀하던 시절이니 탁발하던 스님들 고생이 심했던 것은 들으나마나 짐작이 가는 이야기다. 종일 걷고 또 걸어서 하루 150리씩 걸으셨다니 대단한 어른들이다. 그렇게 탁발한 양식을 선방에서 공부하는 스님들 외호(外護)하는 데 쓰셨으니 그 공덕은 하늘을 덮으리라.

콩나물 한 줌, 모재비 한 줌, 소금, 집간장, 고춧가루, 참기름, 깨소금을 준비한다. 콩나물은 깨끗이 콩깍지만 다듬어 씻고 냄비에 콩나물과 물을 붓고 소금을 약간 넣어서 싱겁게 간을 한다. 국이 끓으면 모재비를 바로 담그지 않고 불순물이 가라앉게 씻는다. 물속에 담가서 씻지 않고 그릇에 담아 흐르는 물에 한 번 씻는다. 모재비를 먹기 좋게 자르고 국 속에서 콩나물만 건진다. 모재비와 콩나물을 함께 집간장, 고춧가루, 참기름, 깨소금을 넣고 버무린다. 국그릇에 버무린 것을 담고 국물을 부으면 된다.

버섯전골

버섯전골은 손님상에 주로 내는 접대음식으로 겨울철에 많이 먹는다. 스님들의 별식 중 잡채와 전골은 인기 1위이다. 버섯이 귀하던 20년 전에는 전골찌개가 아주 귀한 음식이었다.

갖가지 버섯, 무, 당근, 무시래기, 미나리, 청·홍 고추, 두부, 유부, 소금, 집간장, 된장, 고추장, 고춧가루, 들깨가루, 생콩가루, 들기름을 준비한다. 잘 삶아진 무시래기를 마른 표고버섯 가루, 들기름, 된장, 고추장을 넣고 버무려둔다. 버섯들은 비슷한 크기로 자르고, 무는 얇게 썰고, 미나리도 같은 크기로 썰어둔다. 두부는 납작하고 큼직하게 썰고, 유부는 미리 살짝 데쳐서 물에 헹군다. 고추장과 고춧가루, 된장을 같은 비율로 섞어서 다대기를 만들고, 들깨가루와 생콩가루는 미리 물에 개어둔다. 전골냄비에 무시래기를 넣고 먼저 팔팔 끓이다가 나머지 재료를 보기 좋게 둘러앉혀서, 끓으면 고추와 가루 개어둔 것을 넣고 한 번 더 끓여서 마무리한다.

콩전

콩전은 오래전부터 해인사 국일암에서 먹던 음식으로 녹두는 식으면 단단해지지만 콩은 식어도 부드러운 성질이 남아 있어서 노스님들이 좋아하는 영양식이다.

콩을 갈아 우리밀가루를 콩의 5분의 1 분량만큼 섞는다. 콩만으로는 잘 익지 않고 눋기 때문에 우리밀을 섞는 것이다. 시금치와 고사리, 느타리버섯은 생으로 넣고 숙주나물은 데쳐서 소금과 참기름을 넣고 무쳐 넣는다. 당근은 살짝 볶아 넣고, 표고는 마른 표고를 불려서 집간장과 참기름을 넣고 볶아서 넣는다. 빈대떡 부치는 것과 같은 방법으로 전을 구워낸다. 프라이팬에 기름을 충분히 두른 다음 콩은 잘 익지 않기 때문에 약한 불에서 천천히 익힌다.

영동백밥

양력 2월이 되면 '영동 바람 올린다' 고 집집마다 지난봄 장만해둔 쑥으로 떡을 만든다. 유난히 뿌리채소를 즐기는 스님들은 두부, 마, 연근, 우엉, 도라지, 하수오 가루, 불린 쌀을 이용하여 흰밥을 만든다.

두부는 으깨어서 소금과 참기름 간을 하고, 마는 굵게, 연근은 얇게, 도라지는 잘게 썰고, 우엉은 강판에 간다. 솥에 쌀을 넣고 위의 재료를 얹어서 밥을 짓는다. 청·홍 고추, 표고버섯, 참기름, 집간장, 산야초 효소를 넣고 양념장을 곁들여 낸다.

무청시래기밥

시래기밥은 흰쌀로 지어야 제 맛이 난다. 겨울에 잘 말린 무청을 삶아 껍질을 벗긴 시래기, 표고버섯 채, 쌀, 된장양념장을 준비한 뒤 불린 쌀과 시래기를 1대 1 비율로 밥을 짓는다. 표고버섯은 참기름에 간을 하며 볶는다. 밥물은 육수(표고와 다시마 우린 물)를 쓴다. 된장 한 큰술에 고추장 한 큰술, 참기름, 육수를 넣어 살짝 끓여서 된장양념장을 만든다.

겨우살이현미밥

현미, 겨우살이 끓인 물, 마를 준비한다. 현미는 하루 전에 불려둔다. 상백피(겨우살이 약재)는 차처럼 물에 끓여낸다. 압력솥에 현미와 약물을 넣고 마를 썰어 넣어서 밥을 짓는다. 청·홍 고추, 집간장, 참기름, 깨를 가지고 양념장을 만들어 함께 낸다.

엉긴콩김칫국

엉긴콩김칫국은 겨울철 차가운 바람이 시리게 느껴질 때 절에서 먹는 별식이다. 겨울철 백태로 만드는 두부와 김장김치를 넣고 끓이는 이 국은 새벽의 살을 에는 추위도 물리친다.

한 홉 정도의 대두를 하룻밤 충분히 불려서 믹서에 갈고 김치는 익은 것으로 잘게 썰고 김칫국물도 한 그릇 담아둔다. 콩물을 끓일 때 반드시 눋지 않도록 저어주어야 하며, 물이 적으면 국물이 맑지 않으니 물을 콩 갈은 것의 다섯 배 정도 넣는다. 콩물이 끓기 시작하면 젓기를 멈추고 불을 줄여서 뽀글뽀글 끓어오르는 구멍마다 김치와 김칫국물을 한 숟가락씩 넣어준다. 간수를 한 숟가락 분량 물에 타서 구멍마다 나누어 조금씩 떨어뜨려준다. 계속 불을 낮추었다가 국물이 맑아지면 불을 끈다. 오래 끓이면 김치의 아삭한 맛을 잃는다. 맑게 우러난 국물 속에 김치마다 콩물이 엉겨 있다.

메밀김치전병

텃밭 모퉁이에 돌보지 않아도 스스로 알아서 자라던 메밀들이 듬성듬성 고개를 숙이고 있다. 황무지에서도 잘 자라는 메밀은 씨만 뿌려놓아도 강인한 근성으로 저 혼자서 잘 큰다. 겨울이면 이곳에서 메밀김치전병을 맛보는 이마다 이렇게 맛있는 음식이 있었냐며 치사를 늘어놓는다. 육식을 거의 하지 않으면서 독특한 맛을 유난히 좋아하는 사람도, 행사 때문에 사찰음식을 한 상 잘 차려놓으면 다른 음식은 몰라도 메밀김치전병은 꼭 먹는다. 돌절구에 대충 갈아서 분말을 채에 내려 언제라도 필요할 때 쓸 수 있는 메밀은 겨울철 별미로 다양한 음식을 만들 수 있다.

메밀은 몸이 허약해서 식욕이 없는 사람에게 세포의 활력을 주어 기운을 내게 하는 식품으로, 양질의 고단백 곡류이다. 비타민 B_1, B_2, E, D가 풍부한 영양식으로 알칼리성 식품이다. 소화가 잘되고 장의 기능을 도와 변통을 부드럽게 하며, 이뇨작용이 좋아 노폐물을 배출시키고, 혈액 정화도 돕는다. 혈압이 좋지 않은 사람에게는 혈관을 부드럽게 해주므로 좋은 식품이다. 메밀에 함유된 루틴은 모세혈관의 파열을 방지하고, 아미노산의 일종인 시스틴이 많이 함유되어 있어 피부에 윤기와 생기를 준다. 그러나 메밀을 먹을 때 위장이 약한 사람은 조심할 필요가 있는데, 위벽이 헌 사람은 반드시 무와 함께 먹어서 위벽을 허는 성분을 중화시켜주어야 한다.

 메밀전병과 메밀수제비는 메밀을 손쉽게 먹을 수 있는 조리법이다. 메밀가루만으로는 너무 찰져 철판에 엉겨 붙으므로 밀가루를 한 순갈 섞는다. 고운 채에 내려서 반죽을 무르게 하고, 잘 익은 김장김치를 자르지 않고 여러 장 철판에 펴놓고 반죽을 숟가락으로 올려놓는다. 들기름을 이용해서 구워내고 큰 접시에 놓은 다음 가위로 잘라 보기 좋게 접시에 담는다.

건강의 비결은 음양오행의 균형과 조화에 있다. 또한 자연의 순리에 따른 기후 변화에 적응하는 데 있다. 음양오행 음식의 가장 중요한 비법은 제철음식을 먹는 것이다.

이 음식이 어디서 왔는가.
내 덕행(德行)으로 받기가 참으로 부끄럽네.
마음의 온갖 욕심 버리고 몸을 지탱하는 약으로 삼아
도업(道業)을 이루고저 이 공양을 받습니다.

—『사미율의』

그 밖의 사계절 음식

빈자적

　빈자적은 예전에는 절집에서 자주 먹었으나 지금은 흔히 볼 수 없는 오래된 추억이 되어버린 음식이다. 불린 녹두를 껍질을 제거하여 불린 쌀과 함께 곱게 갈아둔다. 표고버섯도 불려서 곱게 채썬다. 숙주나물은 데쳐서 소금과 참기름으로 간하고, 당근과 무를 곱게 채썰고 시금치 역시 잘게 썬다. 녹두 반죽에 소금간을 살짝 한 후, 철판에 들기름 한 방울 떨어뜨리고 반죽을 한 숟가락 떠놓고 얇고 동글게 지지면서 표고버섯, 숙주, 당근, 무, 시금치 등을 얹고, 다시 그 위에 녹두 반죽을 한 숟가락 올려서 지져낸다. 집간장에 다시물 약간 섞은 것에 청·홍 고추를 다져 넣고 식초 한 방울 떨어뜨려서 양념간장을 만들어 곁들여 낸다.

삼색나물

절집에서 나물은 오랜 전통을 이어오고 있는 반찬이다. 콩나물과 취나물, 무나물이 가장 기본적인 나물이며, 시금치는 늦가을까지 밥상에 오르는 녹색 나물이다.

삼색나물을 만들 땐 콩나물, 취, 무, 소금, 집간장, 참기름, 깨 등이 쓰인다. 콩나물은 잘 다듬어 깨끗이 씻는다. 봄에는 취를 데쳐서 쓰고, 겨울에는 묵나물을 불려서 삶아둔다. 무는 채쳐서 소금으로 간한다. 위의 나물들을 각기 기름에 볶는데, 무는 썰어서 상온에 두면 쓴맛이 나므로 바로 볶는다. 나물 반찬은 기름에 볶을 때 너무 뒤적거리면 생기 없이 삶아놓은 듯한 나물이 되고 만다. 우묵한 프라이팬에 물과 참기름을 같은 양을 넣고 소금을 조금 집어넣고 약간 끓이다가 콩나물을 볶으면 아삭한 맛을 유지할 수 있다. 깨를 넣고 마무리한다. 무, 취, 고사리, 도라지, 가지, 호박을 이렇게 볶아도 된다. 가지를 볶을 때는 물을 조금만 넣는다.

현미영양밥

우리에게 가장 친근한 곡물의 하나인 현미는 도정 기술에 밀려서 오래도록 우리의 식탁을 떠나 있었다. 그러다가 최근 들어 현미의 효능이 널리 알려지면서 잡곡밥에 빠지지 않고 오르는 목록이 되고 있다.

생명의 힘을 가진 현미는 정미되지 않은 채 건강을 지키는 곡물로 당질의 대사를 돕는 비타민 B_1이 백미의 네 배나 된다. 현미는 간장을 튼튼하게 한다. 또한 노폐물을 체외로 배설하는 이노시톨과 암을 억제하는 베타시스테롤 성분이 함유되어 있어서, 체력 증진과 더불어 해독작용을 한다. 감마오리자놀이라는 성분은 신경의 기능을 강화하고 자율신경을 조정한다. 신경을 지나치게 쓰거나 스트레스를 많이 받는 이가 자율신경실조증에 곧잘 걸리는데, 현미를 상식하면 신경 악화 방지에 도움이 된다. 현미의 정유 성분은 장의 운동을 돕고 장내의 숙변을 막는 정화작용도 한다. 몸 안의 잔류 농약도 배설시킨다. 현미는 오래 먹으면 면역력이 강화되어서, 질병의 침입을 막아내는 데 효과적이다.

돌솥이 시중에 나오기 시작하면서 영양밥이 많이 만들어지고 있다. 붉은 돈부콩, 조, 현미, 찹쌀, 수수, 은행, 밤이 준비되면 곡류를 잘 불려서 돌솥에 은근한 불로 밥을 짓는다. 은행과 밤은 밥이 끓으면 넣는다. 집간장, 청·홍 고추 다진 것, 표고버섯 볶아 다진 것, 참기름으로 맑은 장을 만든다.

유부채소밥

유부, 당근 채, 양배추 채, 석이버섯, 표고 채 볶은 것, 느타리를 준비한다. 유부는 끓는 물에 튀겨내어 물기를 제거하고 채를 쳐서 참기름에 집간장으로 간하며 볶는다. 표고버섯 채도 유부처럼 볶아서 밥을 하는데, 야채들은 그냥 생으로 쓴다. 밥 짓는 물은 건표고와 다시마 끓인 물로 한다. 양념장은 다시마물, 집간장, 참기름, 식초, 청·홍 고추, 고춧가루로 만든다.

브로콜리미역국

브로콜리, 미역, 표고버섯, 들깨가루, 집간장을 준비한 뒤 표고에 물을 붓고 집간장으로 간하여 먼저 끓인다. 국물이 끓으면 미역을 넣고 다시 한 번 파르르 끓으면 브로콜리를 넣는다. 미역국은 오래 끓이지 않아야 그 향이 산다. 마지막에 들깨가루를 개어서 풀어 넣는다.

야채영양죽

마, 감자, 당근, 브로콜리를 잘게 썰어 다진다. 느타리버섯과 표고버섯도 다져놓는다. 쌀은 불려서 믹서에 반 톨이 되게 갈아 저으며 죽을 쑨다. 밥알이 다 익으면 준비된 버섯과 야채를 넣고 살짝 끓인다. 소금으로 간을 한다.

콩나물밥

백미를 잘 불려서 압력솥에서 밥을 짓는데, 뚜껑은 잠그지 않고 불에 얹는다. 밥물이 끓어 넘치려고 하면 잘 씻은 콩나물을 그 위에 얹어서 뚜껑을 제대로 잠가 밥을 짓는다. 집간장, 청·홍 고추, 참기름, 참깨로 만든 양념장을 곁들인다.

채식짜장면

춘장, 감자, 호박, 양배추, 당근, 표고버섯, 새송이버섯, 유부, 녹말가루, 굵은 국수를 준비한다. 버섯과 야채를 손질하여 깍두기 모양으로 썰어놓는다. 프라이팬에 포도씨유를 반 국자 넣고 끓으면 춘장을 볶는다. 센 불에 볶은 춘장에 위의 재료를 더디게 익는 당근부터 순서대로 넣고 볶는다. 아삭하게 익으면 녹말가루를 물에 개어서 넣는다. 굵은 국수는 삶을 물을 미리 끓여놓았다가, 춘장을 볶고 나서 삶는다. 미리 국수를 삶으면 국수가 퍼진다.

| 나오는 말 |

불교를 비롯한 모든 종교와 철학은 생명에 대한 이해에서부터 시작된다. 한번 태어난 사람이 한평생 살다가 죽게 되면 어디로 갈까? 사람이 죽고서 영가(靈駕, 영혼)는 새 몸을 얻기 위해 시간과 공간을 초월하며 기다린다. 불에 타지도 않고 물에 녹지도 않는 영원한 자성체인 영가는 자기가 살던 몸을 빠져나와 새 생명으로 들어가면 그곳을 새집 삼아 산다. 생명은 이런 식으로 계속 옮겨간다. 불교의 윤회는 생명의 실상을 말한다.

  생명론에 대한 지식 없이 세상에서 직접 보이고 들리는 것만이 전부라고 생각하는 이들은 생사에 연연하며 기뻐하고 슬퍼한다. 현상에 따라 마음이 요동친다. 그러나 본래의 마음자리를 알면 기뻐하거나 슬퍼하거나 요동치지 않아도 현실을 바로 직시할 수 있다.

새로운 몸을 받았을 때 전생에서 먹었던 음식들의 기운이 마음을 지배한다. 죽은 뒤 우리가 꿈꾸던 새로운 세계로 가려면 빚이 없어야 한다. 남의 살을 먹어선 안 된다는 것이다. 불가에서 천도재를 지낼 때 생명을 해친 음식은 상에 올리지 않는다. 영가들이 그런 음식의 냄새를 수용할 수 없기 때문이다. 살아생전에 길들여진 것은 죽어서도 그 영가를 떠나지 않는다. 애착을 갖게 되는 것이다. 그 애착의 무게에 짓눌리면 익숙한 방식으로 보이고 경험된 것 외에 다른 것을 경험하기 힘들다. 따라서 애착을 덜어내는 습관, 식생활에서 음식을 정갈하고 깨끗하게 먹는 습관이 필요하다.

우리에게는 생명윤리에 대한 교육이 부족하다. 자기만을 생각하게 하고 경쟁심리를 부추기는 교육, 아이들이 선호하는 것만 먹게 하는 식습관은 사람을 이기적으로 자라게 한다. 실상은 너와 남이 없다. 모든 것들을 나 자신처럼 생각하지 않으면 행복을 꿈꿀 수 없다. 내 몸 안에 모두가 있고 타인의 몸 안에 내가 있다는 것을 이해해야 한다. 인류의 고통스러운 현실이 나로 인하지 않은 것이 없다는 것을 인식해야 한다. 이것은 매우 중요한 생명윤리다.

우리가 살아가는 데 있어 생명만큼 소중한 것은 없다. 그 생명을 유지하기 위해 의식주가 필요하고 노동과 일터가 있는 것이다. 인간에게는 집이 네 개다. 우주라는 집, 내 영체를 담고 있는 몸이라는 집, 생계를 위해 오가는 직장이라는 집, 즉 늘 머무르는 곳, 마지막으로 내가 잠자고 쉬는 집. 우리의 몸도 우리가 사는 집처럼 어디가 허물어지고 고장나면 새집을 지어야 한다. 생로병사의 고통을 겪는다고 절망으로 끝낼 일이 아니다. 우리와 지금 이 몸의 인연이 다했을 때는 새 몸을 받아야 한다.

  육신의 집과 우리가 사는 집은 별반 다를 바 없다. 그럼에도 천년만년 살 것처럼 외양을 우선시하는 문화는 내면의 아름다움을 외면하게 한다. 외양을 지나치게 우선시하다 보면 나중에 인연이 다하여 버려야 할 때 미련과 절망이 더 클 수밖에 없다. 마음은 병들어 있으면서도 남에게 보이기 위해 몸 꾸미기에 지나치게 힘과 시간을 소비한 사람은 막상 죽어야 할 때 몸 버리는 것을 더 안타까워하게 되고 그 아집 때문에 결국 다른 집으로 옮겨 앉기도 어려운 상황을 맞게 된다. 본래 내가 부처라는 인식, 깨달은 존재, 영원한 존재라는 인식을 잊어서는 안 된다. 나고 죽는 것이 부질없다는 것, 불생불멸을 기억해야만 한다. 어느 때 어떤 모습으로 태어날지는 좋은 업을 닦는 것에 달려 있다.

  좋은 음식, 안전한 음식을 먹어야 그것이 연이 되어 다음 생으로 끊임없이 좋은 기운이 지속된다. 안전한 음식을 나뿐 아니라 남에게도 베풀 때 그 사회가 건강해진다. 음식을 다루는 마음가짐이 진실해야 우리가 음식으로 고통받는 일이 없어진다. 그럼에도 오늘날 우리가 먹는 음식이 안전하지 않다는 것은 커다란 문제이다. 더욱이 이것은 시간이 한참 지나서야 심각성이 드러난다. 범사회적인 대처기반 없이 끊임없이 이것저것 쏟아내기만 하는 세태가 음식문화에서도 벌어지고 있다. 이것은 정신적으로 자기 자신이 영원한 존재라는 인식을 상실했기 때문이다.

그저 이 한세상 한바탕 잘살고 보자는 한탕주의를 벗어나면 인간은 얼마든지 좋은 문화를 향유하며 살 수 있는 존재이다. 자기에게 오는 고통은 거부하면서 자기만 누리고 받기를 바라고, 다른 사람의 상처를 딛고 내가 잘사는 것을 자연스러운 것으로 여기는 사회는 분명히 잘못 가고 있는 사회이다. 가치관이 잘못된 사람이 이끌어가는 사회에서는 약육강식이 당연시되고 생명에 대한 존재감이 부족해지며 모든 삶들이 알맹이 없는 생활을 영위하게 된다. 끊임없이 공허하고 우울하고 쉽게 고통받고 스스로 자기 생각 안에 갇혀 섣불리 판단해버리게 되는 것이다.

식탁에서부터 자신의 습관을 좋은 것으로 개선할 수 있고 나아가 아이들에게도 바람직한 식습관을 전수해줄 수 있는 사람은 자신의 삶 전체를 올바로 이끌어갈 수 있다. 식탁 위에서의 명상은 일상에서 실천하는 구도의 좋은 시작이 되어줄 것이다.

식탁 위의 명상

1판 1쇄 발행 2008년 4월 22일
1판 3쇄 발행 2013년 5월 6일

지은이 대안 스님
펴낸이 정중모
펴낸곳 도서출판 열림원

등록 2003년 9월 3일(제300-2003-162호)
주소 서울시 마포구 잔다리로 2길 7-0
전화 02-3144-3700 | 팩스 02-3144-0775
홈페이지 www.yolimwon.com | 이메일 editor@yolimwon.com
트위터 twitter.com/Yolimwon

ⓒ 2008, 대안 스님

ISBN 978-89-91747-18-0 03810

'오래된 미래'는 도서출판 열림원의 자회사입니다.